CW00765591

CLASSEMENT DES RANDONNÉES

Très facile   Facile   Moyen   Difficile

1re édition : mars 2002 - mise à jour en août 2004
© FFRP 2002 / ISBN 2-85699-878-X / © IGN 2002 (fonds de carte)
Dépôt légal : septembre 2004
Compogravure : MCP, Orléans
Achevé d'imprimer sur les presses de Corlet, Condé-sur-Noireau

Les départements de France ...à pied®

Les Ardennes
...à pied®

45 promenades et randonnées

Conseil Général des Ardennes

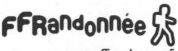

www.ffrandonnee.fr

association reconnue d'utilité publique
14, rue Riquet
75019 PARIS

SOMMAIRE

Sous-bois ardennais. *Photo R.M./CDT08.*

INFOS PRATIQUES ━━━━━━━━━━━━━━━ **p 6**

DÉCOUVRIR LES ARDENNES ━━━━━━━━ **p 17**

LES PROMENADES ET RANDONNÉES ━━━ **p 22**

BIBLIOGRAPHIE ET CARTOGRAPHIE ━━ **p 125**

INDEX DES NOMS DE LIEUX ━━━━━━━ **p 128**

Choisir sa randonnée

Les randonnées sont classées par ordr de difficulté.

Elles sont différenciées par de couleurs dans la fiche pratique a chaque circuit.

très facile   Moins de 2 heures de marche.
Idéale à faire en famille, sur des chemins bien tracés.

facile   Moins de 3 heures de marche.
Peut être faite en famille. Sur des chemins, avec quelquefois des p sages moins faciles.

moyen   Moins de 4 heures de marche.
Pour randonneur habitué à la marche. Avec quelquefois des endr assez sportifs ou des dénivelées.

difficile   Plus de 4 heures de marche.
Pour randonneur expérimenté et sportif. L'itinéraire est long ou diffi (dénivelée, passages délicats), ou les deux à la fois.

Durée de la randonnée

La durée de chaque circuit est donnée à titre indicatif. Elle ti compte de la longueur de la randonnée, des dénivelées et des év tuelles difficultés.
Pas de complexe à avoir pour ceux qui marchent à «deux à l'heu avec le dernier bambin, en photographiant les fleurs.

Quand randonner ?

■ **Automne-hiver** : les forêts sont somptueuses en automne, les champignons sont au rendez-vous (leur cueillette est réglementée), et déjà les grandes vagues d'oiseaux migrateurs animent les eaux glacées.

■ **Printemps-été** : suivant les altitudes et les régions, les mille coloris des fleurs animent les parcs et les jardins, les bords des chemins et les champs.

■ Les journées longues de l'été permettent les grandes randonnées, mais attention au coup de chaleur. Il faut boire beaucoup d'eau.

■ En période de chasse, certaines randonnées sont déconseillées, voire interdites. Se renseigner en mairie.

Avant de partir, il est recommandé de s'informer sur le temps prévu pour la journée, en téléphonant à Météo France : 32 50

 ## Pour se rendre sur place

En voiture

Tous les points de départ sont facilement accessibles par la route.
Un parking est situé à proximité du départ de chaque randonnée.
Ne laissez pas d'objet apparent dans votre véhicule.

Par les transports en commun

■ Pour les dessertes SNCF, les horaires sont à consulter dans les gares ou par tél. au 36 35, sur Minitel au 3615 SNCF ou sur Internet : www.sncf.com

■ Pour se déplacer en car, se renseigner auprès des offices de tourisme et syndicats d'initiative.

 # Où manger et dormir dans la région ?

Un pique-nique sur place ?

Chez l'épicier du village, le boulanger ou le boucher, mille et une occasions de découvrir les produits locaux.

Pour découvrir un village ?

Des terrasses sympathiques où souffler et prendre un verre.

 ### Une petite faim ?

Les restaurants proposent souvent des menus du terroir. Les tables d'hôtes et les fermes-auberges racontent dans votre assiette les spécialités du coin.

Une envie de rester plus longtemps ?

De nombreuses possibilités d'hébergement existent dans la région.

A la terrasse d'un bon coin, après la randonnée

Boire, manger et dormir dans la région ?	ALIMENTATION	RESTAURANT	CAFÉ	HEBERGEMENT
Asfeld		X		X
Bogny-sur-Meuse	X	X	X	
Buzancy	X	X	X	X
Carignan	X	X	X	X
Château-Porcien	X	X	X	
Donchery		X	X	X
Fumay	X	X	X	X
Gernelle		X		X
Givet	X	X	X	X
Hargnies	X	X		
Hautes-Rivières	X	X	X	X
Haybes	X	X	X	X
Laifour	X			
Monthermé	X	X	X	X
Revin	X	X	X	X
Rocroi	X	X	X	X
Signy-le-Petit	X	X	X	X
Thin-le-Moutier	X	X		
Tournavaux		X	X	
Vireux-Molhain	X	X	X	X
Vireux-Wallerand	X		X	
Vouziers	X	X	X	X

La randonnée est reportée
en rouge sur la carte IGN

Rivière

Village

La forêt
(en vert)

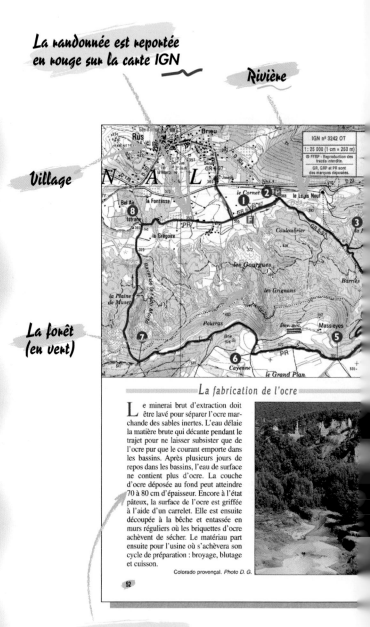

La fabrication de l'ocre

Le minerai brut d'extraction doit être lavé pour séparer l'ocre marchande des sables inertes. L'eau délaie la matière brute qui décante pendant le trajet pour ne laisser subsister que de l'ocre pur que le courant emporte dans les bassins. Après plusieurs jours de repos dans les bassins, l'eau de surface ne contient plus d'ocre. La couche d'ocre déposée au fond peut atteindre 70 à 80 cm d'épaisseur. Encore à l'état pâteux, la surface de l'ocre est griffée à l'aide d'un carrelet. Elle est ensuite découpée à la bêche et entassée en murs réguliers où les briquettes d'ocre achèvent de sécher. Le matériau part ensuite pour l'usine où s'achèvera son cycle de préparation : broyage, blutage et cuisson.

Colorado provençal. *Photo D. G.*

52

Pour en savoir plus

Nom et Numéro de la randonnée

Pour se rendre sur place

Temps de marche à pied

3 h ← à pied

9 Km ← Longueur

Classement de la randonnée :

| Très facile | Moyen |
| Facile | Difficile |

572m / 345m — Point le plus haut / Point le plus bas

 Parking

 Balisage des sentiers *(voir page 13)*

 Attention

 Prévoir des jumelles

 Prévoir une lampe de poche

 Emporter de l'eau

 Praticable à VTT

 Praticable à cheval

 Sites et curiosités à ne pas manquer en chemin

Autres découvertes à faire dans la région

Le Sentier des Ocres

Fiche pratique 17

3 h / **0 Km** / 572m / 345m

Cet itinéraire présente le double avantage d'une découverte à la fois panoramique et intime des ocres.

Du parking, emprunter la route vers l'Est.

Dans le prochain virage à gauche, prendre à droite ncien chemin de Rustrel à Viens qui descend vers la a. Franchir le torrent. Passer à côté d'un cabanon en e. Un peu plus haut, le chemin surplombe un cirque de bles ocreux.

Laisser le GR° 6 à gauche. Plus haut le chemin sur- mbe le ravin de Barries et le moulin du même nom. En ut du vallon de Barries, prendre à gauche une route.

Au carrefour suivant, tourner à droite.

Après une petite ferme entourée de cèdres et de rès, prendre à droite le chemin qui parcourt le rebord plateau.

Après une courte descente, prendre à droite. Suivre le et du ravin des Gourgues. Ne pas prendre le prochain tier sur la gauche. A la bifurcation suivante, prendre à che le sentier à peu près horizontal qui s'oriente vers est. Un peu plus loin, longer une très longue bande de e cultivée. Se diriger vers la colline de la Croix de Cristol.

Au pied de celle-ci, prendre à droite le sentier qui descend s Istrane. Il s'ag de l'ancien chemin de Caseneuve à strel. Une éclair uvre des points de vue sur les pentes nées de Couvin, sur la chapelle de Notre-Dame-des- es et sur Saint- aturnin-lès-Apt. Au fur et à mesure de la cente, la végéta ion change de physionomie pour laisser ce à des espè es qui affectionnent les terrains sableux. nchir la Doa et emonter la route jusqu'à Istrane.

Au croisemer prendre à droite l'ancien chemin de la e. Passer à pi ximité d'une ancienne usine de condition- ent de l'ocre, uis à côté de Bouvène. Avant de regagner oint de départ on peut remarquer le site des Cheminées ées (*colonnes de sables ocreux protégés par des blocs rès*).

Situation : Rustre sur la D 22 à 13 km au Nord-Est d'Apt

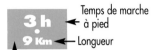 **Parking** communal de Rustrel

Balisage
❶ à ❸ blanc-rouge
❸ à ❶ jaune

Difficulté particulière
■ passages raides dans la descente sur Istrane

Ne pas oublier

À voir

En chemin
■ Gisements de sables ocreux
■ Chapelle Notre-Dame-des-Anges

Dans la région
■ Roussillon : sentier des aiguilles et usine Mathieu, consacrés à l'exploitation de l'ocre.

53

Description précise de la randonnée

Des astuces pour une bonne rando

■ Prenez un petit sac pour y mettre la gourde d'eau, le pique-nique et quelques aliments énergétiques pour le goûter.

Le temps peut changer très vite lors d'une courte randonnée. Un coupe-vent léger ou un vêtement chaud et imperméable sont conseillés suivant les régions.

En été, pensez aux lunettes de soleil, à la crème solaire et au chapeau.

■ La chaussure est l'outil premier du randonneur. Elle doit tenir la cheville. Choisissez-la légère pour les petites randonnées. Si la rando est plus longue, prévoyez de bonnes chaussettes.

■ Mettre dans votre sac à dos l'un de ces nouveaux petits guides sur la nature qui animera la randonnée. Ils sont légers et peu coûteux. Pour reconnaître facilement les orchidées sauvages et les différentes fougères. Cela évite de marcher n'importe où et d'écraser des espèces rares ou protégées.

■ Pour garder les souvenirs de la randonnée, des fleurs et des papillons, rien de tel qu'un appareil photo.

■ Les barrières et les clôtures servent à protéger les troupeaux ou les cultures. Une barrière ouverte sera refermée.

■ Les chiens sont tenus en laisse. Ils sont interdits dans les parcs nationaux et certaines zones protégées.

SUIVEZ LE BALISAGE POUR RESTER SUR LE BON CHEMIN.

LE BALISAGE DES SENTIERS	PR®	GR®	GRP®
Bonne direction			
Tourner à gauche			
Tourner à droite			
Mauvaise direction			

© FFRP - Reproduction interdite

Vous pourrez rencontrer d'autres couleurs de balisage sur le terrain. Elles sont indiquées dans la fiche pratique de chaque circuit.

PR LE CHATEAU 2h

Topo-guide des sentiers de Grande randonnée®, sentiers de Grande randonnée®, GR®, GR® Pays, PR®, «... à pied®», « les environs de .... à pied® » ainsi que les signes de couleur blanc/rouge et jaune/rouge sont des marques déposées par la FFRP. Nul ne peut les utiliser sans l'autorisation de la FFRP.

La randonnée : une passion **FFRand**onnée

Des sorties-randos accompagnées, pour tous les niveaux, sur une journée ou un week-end : plus de 2500 associations sont ouvertes à tous, dans toute la France.

Un grand mouvement pour promouvoir et entretenir les 180 000 km de sentiers balisés. Vous pouvez vous aussi vous impliquer dans votre département.

FFRandonnée
www.ffrandonnee.fr

Des stages de formations d'animateurs de randonnées, de responsables d'association ou encore de baliseurs, organisés toute l'année.

Une garantie de sécurité pour randonner bien assuré, en toute sérénité, individuellement ou en groupe, grâce à la licence ou à la RandoCarte.

Pour connaître l'adresse du Comité de votre département, pour tout savoir sur l'actualité de la randonnée et découvrir la collection des topo-guides :

www.ffrandonnee.fr

Centre d'Information de la FFRandonnée
14, rue Riquet 75019 Paris - Tél : 01 44 89 93 93
Ouvert du lundi au samedi de 10h à 18h.

Où s'adresser ?

■ *Comité régional du Tourisme (CRT)*

Le Comité régional du tourisme publie des brochures d'informations touristiques (gratuites) sur chaque région administrative :
• CRT Champagne-Ardenne, 15 avenue du Maréchal Leclerc, B.P.319, 51013 Chalons-en-Champagne Cedex, tél. 03 26 21 85 80, fax 03 26 21 85 90

■ *Comité départemental du Tourisme (CDT)*

Le CDT publie des brochures (gratuites) mises à jour sur les activités, les séjours et l'hébergement dans le département concerné ainsi que la liste des offices de tourisme et syndicats d'initiative :
• CDT des Ardennes, 22-24 place Ducale, B.P. 419, 08107 Charleville-Mézières Cedex, tél. 03 24 56 06 08, fax 03 24 59 20 10

■ *Offices de tourisme et Syndicats d'initiative*

Les offices de tourisme et syndicats d'initiative peuvent également vous renseigner :

- Asfeld, tél. 03 24 39 74 08
- Bogny-sur-Meuse, tél. 03 24 32 11 99
- Charleville-Mézières, tél. 03 24 55 69 90
- Elan, tél.03 24 37 25 85
- Fromelennes, tél. 03 24 41 79 72
- Fumay, tél. 03 24 41 10 25
- Givet, tél. 03 24 42 03 54
- Hargnies, tél. 03 24 41 16 56
- Haybes, tél. 03 24 41 27 20
- Launois-sur-Vence, tél. 03 24 35 02 69
- Mogues, tél. 03 24 29 79 91
- Monthermé, tél. 03 24 54 46 73
- Mouzon, tél. 03 24 26 56 11
- Renwez, tél. 03 24 54 82 66
- Rethel, tél. 03 24 39 51 45
- Revin, tél. 03 24 40 19 59
- Rocroi, tél. 03 24 54 20 06
- Sedan, tél. 03 24 27 73 73.
- Signy-le-Petit, tél. 03 24 53 55 44
- Vireux-Molhain, tél. 03 24 40 06 59
- Vouziers, tél. 03 24 71 97 57

■ *La Fédération Française de la Randonnée Pédestre (FFRandonnée)*

• Centre d'Information Sentiers et Randonnées
Pour tous renseignements sur la randonnée pédestre en France et sur les activités de la FFRandonnée
14 rue Riquet, 75019 PARIS, tel. 01 44 89 93 93, fax 01 40 35 85 67,
e-mail : info@ffrandonnee.fr, site internet : www.ffrandonnee.fr
• Comité Régional Champagne-Ardenne de la Randonnée Pédestre,
Lucien Mascia, 27 allée Abel Gance, 51430 Tinqueux, tél./fax 03 26 84 11 28
• Comité Départemental de la Randonnée Pédestre des Ardennes,
15 rue du Général Labruyère, 08350 Donchery, tél. 03 24 26 55 95,
e-mail : cdrp-ardennes@wanadoo.fr

 ## ■ *Divers*

- Office National des Forêts, Service Départemental des Ardennes,
1 rue André Dhôtel, BP 457, 08098 Charleville-Mézières cedex, tél. 03 24 33 74 40
- Relais des Gîtes de France, 29, rue du Petit Bois, BP 370, 08106 Charleville-Mézières, tél. 03 24 56 89 65

LES ARDENNES...
une terre à deux pas

CDT des Ardennes
22/24, place Ducale
BP419
08107 Charleville Mézières cedex
tél. 03 24 56 06 08
Fax : 03 24 59 20 10
E-mail : info@ardennes.com
site web : www.ardennes.com

Comité Départemental du Tourisme des Ardennes

Conseil Général des Ardennes

Découvrir les Ardennes

Monthermé depuis la Longue Roche. *Photo CIN/M.D.*

Le département des Ardennes faillit s'appeler la " Champagne septentrionale ". En 1790, l'Assemblée constituante a finalement baptisé " Ardennes " cette contrée que Jules César, dans sa Guerre des Gaules, qualifie de Sylva Arduina, la forêt profonde. Dans ces deux mots, tout semble dit. L'immense forêt

Géranium sanguin. *Dessin N.L.*

ardennaise couvre un tiers des 5 246 km^2 d'un département communément divisé en trois parties naturelles. Au Sud, sur la rive gauche de l'Aisne, s'étendent les plaines crayeuses de Champagne. Le centre, entre l'Aisne et la Meuse, est traversé par le prolongement jurassique des monts d'Argonne et les crêtes pré-ardennaises que bordent, au Nord-Est, les vallonnements de la Lorraine ardennaise, et au Nord-Ouest, ceux de la Thiérache. Au Nord enfin, voici le massif ardennais né du plissement hercynien qui, il y a 500 millions d'années, façonna les somptueux paysages des vallées de la Meuse et de la Semoy. Du haut de son point culminant, la Croix-Scaille (503 mètres) près des Hauts-Buttés, la véritable Ardenne est là, troublante et rude. Cette disparité confère au climat ardennais ses variations. Le Sud est sous l'influence océanique, tandis que le Nord, où résident près de 80 % des 280 000 habitants du département est, du fait de son altitude, semi-continental. Situées sur la Meuse, les trois principales agglomérations (Charleville-Mézières, Sedan et Revin) rassemblent en effet le tiers de la population ardennaise.

Fêtes médiévales à Sedan. *Photo C.L./CDT08.*

Est-ce un hasard si les Celtes choisirent de s'implanter dans les profondeurs giboyeuses du massif ardennais ? Avant eux, quelques tribus de Néandertaliens les avaient devancés. C'est à Roc-la-Tour, au-dessus de Monthermé, que furent en effet découvertes les premières traces magdaléniennes d'une présence humaine dans les Ardennes françaises. Et c'est encore au cœur de l'impénétrable forêt que les Romains, au premier siècle avant J.C., se heurtèrent à la résistance des Trévires et des Éburons.

Résister est d'ailleurs le lot des Ardennais depuis la nuit des temps. Au cours des siècles, les envahisseurs qui tentèrent de plier à leurs lois un peuple réputé pour son indocilité, ne se comptent plus.

Portés par la puissante civilisation gallo-romaine, les Francs, eux, y parvinrent sans porter la main au fourreau. Charlemagne fit d'Attigny l'une de ses capitales. Après lui, Mérovingiens et Carolingiens ont marqué l'histoire ardennaise d'une empreinte qui s'étend encore à l'énonciation des noms de communes terminant par " court " (villa). Pacifiques ou meurtrières, d'autres invasions leur succédèrent. Celles des missionnaires chrétiens qui investirent, à partir du 11e siècle, le pays des Crêtes et l'Argonne. Les vestiges d'abbayes, de prieurés, d'églises prestigieuses (Mont-Dieu, Élan, Mouzon…) en témoignent. Celle ensuite des princes italiens qui, par la grâce du mariage d'Henriette de Clèves, fille du comte de Rethel, avec Ludovico de Gonzague en 1565, scella l'union inattendue de l'Ardenne avec la magnificence transalpine. Ainsi fut notamment édifiée, en 1606, Charleville, cité de Charles de Gonzague, fils de Louis.

Ce même 17e siècle voit, à Sedan, émerger la dynastie des Princes de la Marck dont la lignée donna naissance en 1611 à Turenne. Longtemps autonome, Sedan, joyau intellectuel et refuge des Protestants, fut intégrée au royaume de France en 1642. La redoutable place forte y perdit de sa superbe militaire. Hasard ou fatalité, c'est ici que trois siècles plus tard, le Second Empire s'éteignit sous les assauts de l'armée prussienne. Napoléon III déchu, l'histoire de France tourna à Sedan, en 1870, l'une de ses pages les plus tragiques, au souvenir ravivé en 1914 et 1940 par les invasions allemandes.

Orchis à feuilles larges et sous-bois ardennais. *Photos CIN/M.D.*

Le nom du département en atteste. Il n'y a pas une, mais plusieurs Ardennes, d'où une étonnante diversité florale. Dans la pointe de Givet caractérisée par l'abondance des roches filtrantes et l'absence de massif forestier, de nombreuses plantes figurent parmi les plantes protégées (armoise blanche, géranium sanguin, hélianthème ou potentille des rochers). Le climat plus rigoureux qui règne sur l'Ardenne montagnarde, aux sols composés de schistes et de grès quartziques, explique l'abondance de fougères (une vingtaine d'espèces recensées dont l'osmonde royale). Sur le plateau, la présence de tourbières donne naissance à la trientale, au saule rampant, à l'arnica des montagnes, aux jonquilles et surtout à l'orchis des sphaignes dont les seules stations françaises connues se situent autour de Hargnies et Rocroi. À signaler encore dans les secteurs marécageux, une présence rare, celle des quatre airelles : myrtille, airelle, canneberge et myrtille des loups.

Descendons ensuite vers les crêtes pré-ardennaises aux sols riches en gaize, ce grès argileux où s'élèvent de superbes forêts de hêtres, de chênes, de charmes ou de frênes. C'est aussi dans les bois des Crêtes que l'on trouvera facilement

l'ellébore vert, la pirole à feuilles rondes ou le muguet. Les forêts sont également nombreuses en Argonne où se distinguent les hêtraies, quelques beaux spécimens de châtaigniers et des parterres de bruyère cendrée.

Terminons ce périple floral par la Champagne crayeuse, désormais livrée à la seule agriculture, où un œil naturaliste exercé pourra dénicher la rare et curieuse fougère appelée " langue-de-serpent ". Aux abords de l'Aisne enfin, d'anciens savarts, autrefois parcourus par les moutons, donnent naissance à quelques espèces remarquables d'orchidées et aux anémones pulsatiles.

Jonquilles. *Photo CIN/M.D*

Sangliers. *Photo F./ONF.* Chevreuil. *Photo B./ONF.*

Ce qui est vrai pour la flore l'est également pour la faune. Commençons cette fois par la vallée de l'Aisne où cohabitent courlis cendrés et passereaux (pipits farlouses ou tariers pâtres), vanneaux huppés, bécassines des marais, oies cendrées ou sarcelles. La liste n'est pas exhaustive car la vallée de l'Aisne est sans doute la contrée ardennaise où niche l'avifaune la plus originale. Les grandes cultures de Champagne, elles, n'offrent plus de refuge qu'à la grande perdrix grise, une espèce sédentaire. L'outarde canepetière y a pratiquement disparu.

La disparition fut également le risque encouru par le sanglier au début des années 80. L'animal emblématique des Ardennes ne se comptait plus alors que par quelques centaines. Grâce à une rigoureuse politique cynégétique, les sangliers se sont à nouveau multipliés.

Autres résidents des forêts ardennaises, les daims et les cerfs ont également échappé à la disparition, grâce au travail remarquable effectué par un couple d'Ardennais, Jacqueline et François Sommer, fondateurs du célèbre parc de vision de Belval, véritable réserve de la faune sauvage.

On ne saurait enfin conclure ce chapitre sans évoquer l'existence des grives - les Passantes d'octobre chères à l'écrivain Jean Rogissart - dont la tenderie demeure l'une des chasses les plus anciennes pratiquées dans le massif ardennais. À signaler enfin autour de la centrale de Chooz, dans la Pointe de Givet, le retour étonnant, quoique anecdotique, du castor.

Tarier pâtre.
Dessin P.R.

La richesse de l'histoire ardennaise explique la remarquable diversité de son patrimoine architectural. Des fortifications de Rocroi, Givet ou Sedan aux édifices abbatiaux du Mont-Dieu ou de Mouzon, des églises et fermes fortifiées de Thiérache aux maisons à pans de bois du Porcien, les contrées ardennaises offrent l'occasion de remontées dans le temps que concrétisent les routes balisées et aménagées par les services touristiques du département.

Mais ce patrimoine-là ne saurait se réduire à la seule évocation de ses hauts-lieux militaires ou religieux. Le passé industriel des Ardennes offre également une profusion de sites ou de musées qui racontent une autre histoire : celle des " boutiques " des vallées de Meuse et Semoy spécialisées, dès le 18e siècle, dans la clouterie ou la ferronnerie ; celle des entreprises textiles qui illustrèrent à partir du 17e siècle un savoir-faire dont

Portail Ouest de l'abbaye de Mouzon.
Photo F./CDT08.

témoignait autrefois la manufacture royale de draps du Dijonval à Sedan et dont rend compte, aujourd'hui encore, la manufacture du Point de Sedan. Et l'histoire enfin, des ardoisières qui surent tirer profit de la richesse schisteuse du sous-sol ardennais, à Rimogne et Fumay surtout.

En dépit des crises à répétition, qui ébranlèrent les fondements de l'économie ardennaise et signèrent l'arrêt de mort des ardoisières, des brasseries ou des boutiques, le département a su préserver l'essentiel de ses compétences industrielles, en matière de fonderie notamment.

Il garde également un étonnant appétit culturel, qu'illustre à merveille le festival mondial des théâtres de marionnettes (tous les trois ans à Charleville-

Festival de marionnettes de Charleville-Mézières.
Photo A.N./CDT08.

Mézières), ou encore une qualité de vie à nulle autre pareille. Déguster entre amis une cacasse à cul nu, une salade au lard, une tranche de jambon d'Ardenne ou un sanglier aux airelles, est une promesse de vitalité et de bonhomie dont les Ardennes, malgré les épreuves, ont su garder le savoureux secret.

Produits du terroir.
Photo M.M./CDT08.

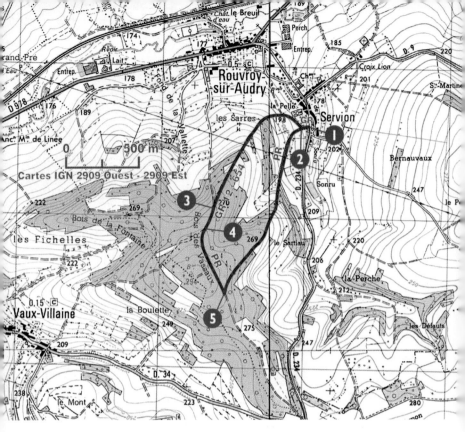

Une église aux cent défenses

L a Thiérache ardennaise est la région des édifices fortifiés. Située sur la commune de Rouvroy-sur-Audry, l'église Saint-Etienne-de-Servion en offre l'un des plus remarquables exemples : tour-porche et salle voûtée, meurtrières et bretèches, escalier à vis et casemates. La fortification de l'église date du 15e siècle. À l'époque, des bandes de soudards en quête de victoires faciles ravagent la contrée. Les paysans, les moines, les seigneurs organisent leur défense. On fortifie les églises, les fermes, les châteaux. Partout, les murs s'ornent d'échauguettes, de canonnières, de tours d'angles. À Servion, l'église désormais désaffectée est devenue un centre culturel animé par l'association des Compagnons de Saint-Etienne.

Eglise fortifiée de Servion. *Photo W.F./CDT08*

Le circuit de la Boulette

Ce sentier de découverte botanique a été mis en place par les compagnons de Saint-Etienne-de-Servion. Vous découvrirez les fleurs et espèces végétales propres au secteur des rièzes et des sarts.

❶ A 100 m au Sud de l'église, prendre le chemin de terre à droite sur quelques mètres.

❷ S'engager sur le sentier herbeux à droite, passer derrière l'église et continuer par une forte montée *(point de vue sur la vallée de l'Audry, le château de l'Echelle et la commune de Rouvroy-sur-Audry)*. Gagner l'entrée du bois *(panneaux pyrogravés sur les différentes espèces d'arbres, d'arbustes et de plantes propres au milieu)* et poursuivre à travers les bois de Vassaux.

Reine des prés.
Dessin N. L.

❸ Emprunter l'allée des Parisettes.

❹ Continuer par l'allée des Orchidées et arriver à une intersection.

❺ Prendre le chemin à gauche. Il descend à travers bois *(arbres très curieux : panneaux)*, puis dans la campagne *(points de vue sur la vallée du Sonru et sur le clocher de Neufmaison)* avant de retrouver le village de Servion.

---

1 h 30
3 Km

292m
185m

Situation Rouvroy-sur-Audry, à 28 km à l'Ouest de Charleville-Mézières par les N 43 et D 978

Parking de l'église du hameau de Servion, à 500 m au Sud de Rouvroy par les D 9 et D 234

Balisage
❶ à ❹ blanc-rouge
❹ à ❷ jaune
❷ à ❶ blanc-rouge

⚠ **Difficultés particulières**

■ forte montée entre ❷ et ❸ ■ forte descente entre ❺ et ❷

À voir

En chemin

■ Servion : église fortifiée 15e (tour-porche 16e, stèle du Bas-Empire encastrée dans un piédroit de l'arc de la nef, maître-autel 18e, centre culturel et lieu d'exposition)
■ parcours botanique
■ vue sur la vallée de l'Audry, le château de l'Echelle et Neufmaison

Dans la région

■ Saint-Marcel : église 16e
■ Remilly-les-Pothées : église fortifiée 16e (cuve baptismale romane 12e), château 15e-16e, site géodésique de l'Arbre de la Paix

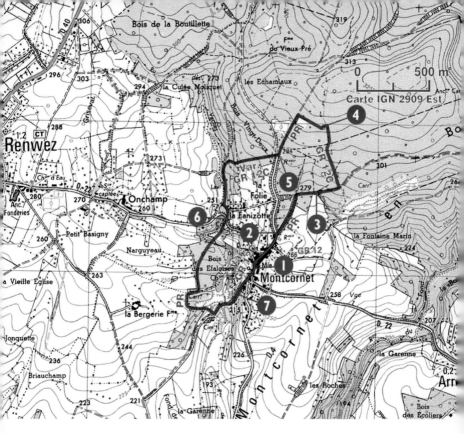

En souvenir du Mont-Cornu

Château féodal de Montcornet. *Photo M. M./CDT08.*

Montcornet tient son nom de l'éperon rocheux sur lequel une forteresse fut édifiée au 10e siècle, grâce aux dons de seigneurs fortunés. Sur les vestiges de ce château, Antoine de Croy, premier chambellan du duc de Bourgogne, rebâtit cinq siècles plus tard un édifice plus majestueux encore. Pendant un siècle et demi, la baronnie de Montcornet vécut des heures fastes dans ce " Colysée féodal ", ainsi que l'avait baptisé l'historien Jules Michelet. Las ! En 1760, son propriétaire, couvert de dettes, démantèle la forteresse pour en vendre les matériaux. Quelques objets, découverts lors du déblaiement du château, sont aujourd'hui exposés dans les souterrains transformés en musée par l'infatigable restaurateur actuel, l'abbé Bernard Lussigny.

Le circuit des Seigneurs de Croy

Ce court circuit permet de découvrir le château de Montcornet dans son environnement riche et varié, le village de Montcornet et le bois du Triage de Renwez.

1 De l'église, remonter vers le village, laisser une voie à droite et atteindre une bifurcation.

2 Prendre le chemin à droite sur 300 m, puis se diriger à droite et arriver à une intersection.

3 Continuer tout droit sur 150 m, puis tourner à gauche *(observation de poudingues, curiosités géologiques)* et parcourir 400 m.

4 Partir à gauche, traverser la clairière, tourner à gauche, longer le terrain de sport et poursuivre. Continuer à descendre sur 50 m.

5 S'engager à droite sur le chemin des Mélèzes, puis tourner à gauche et rejoindre la D 22.

6 Longer la D 22 sur 30 m, traverser la route pour rejoindre le calvaire et prendre le chemin aménagé par la commune de Montcornet. Il zigzague dans le bois, en lisière, franchit la vallée *(points de vue sur le château de Montcornet et la vallée de la Sormone)*, avant de remonter au village.

7 Poursuivre jusqu'à l'église.

1 h 20 • 4 km

315m
215m

Situation Montcornet, à 15 km au Nord-Ouest de Charleville-Mézières par les N 43, D 222 et D 22

P **Parking** de l'église

Balisage
1 à **2** blanc-rouge
2 à **3** rose
3 à **4** blanc-rouge
4 à **5** rose
5 à **6** blanc-rouge
6 à **7** rose
7 à **1** blanc-rouge

Ne pas oublier

Blaireaux. *Dessin P. R.*

À voir

🐾 **En chemin**

■ Montcornet : église, château féodal 11e-15e, calvaire
■ points de vue sur le château

 Dans la région

■ Renwez : musée de la Forêt
■ base de loisirs des Vieilles-Forges

La vallée de Misère

Le nom de la vallée viendrait de son infertilité ou de la misère des ouvriers chargés d'extraire les mœllons nécessaires à l'édification des fortifications de Rocroi.

1 Emprunter la petite route au Sud-Est de Rocroi et franchir le pont sur l'autoroute.

2 Se diriger à gauche sur 400 m, puis tourner à droite et continuer la descente. Emprunter la route à droite et arriver près du moulin Noizet.

3 Franchir le pont, gagner la petite place de terre sur la droite et prendre le sentier le plus à droite. Traverser le vallon et atteindre le lieu-dit Le Couvent. Emprunter la route à gauche et passer le pont.

4 Continuer par la route sur 50 m, puis entrer dans la forêt à gauche. Poursuivre à droite par le chemin de la Tranche-des-Quatre-Mètres sur 2,4 km.

5 Descendre par le chemin à gauche et déboucher au fond de la vallée. Emprunter la D 1 à gauche sur 200 m.

6 Après le pont, s'engager sur le petit sentier à gauche et longer la vallée boisée de Misère.

7 Monter à droite, sortir de la forêt, puis suivre à gauche le chemin du Calvaire. Atteindre une intersection.

8 Continuer tout droit, laisser une voie qui descend à droite et déboucher sur la N 51. La suivre à gauche pour rejoindre Rocroi.

Sorbier des oiseleurs.
Dessin N. L.

---

3 h
11,5 km

380m
241m

Situation Rocroi, à 35 km au Nord-Ouest de Charleville-Mézières par les N 43 et N 51

 Parking place d'Armes

 Balisage
1 à **3** jaune
3 à **4** blanc-rouge
4 à **7** jaune
7 à **8** blanc-rouge
8 à **1** jaune

 Difficulté particulière
■ forte montée entre **7** et **8**

Ne pas oublier

À voir

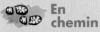 **En chemin**
■ moulin Noizet ■ pont de la vallée de Misère ■ étang de la Rochelle

 **Dans la région**
■ Rocroi : vestiges de l'enceinte fortifiée, église 19e (bénitier en pierre bleue de Givet 17e), stèle et site de la bataille ■ rièze Sainte-Anne ■ censes du plateau

Paysage de la Thiérache. *Photo M.M./CDT08.*

La riche vallée de Misère

Au 16e siècle, l'édification de la cité de Rocroi a indirectement inspiré le nom de la vallée de Misère, à l'Est de la ville, d'où étaient extraits les moellons destinés aux travaux de fortification. Misère a pu tout à la fois désigner l'extrême indigence des ouvriers chargés de ce pénible labeur et l'infertilité d'une contrée, désormais répertoriée parmi les plus beaux sites naturels de France. Elle offre en tout cas un exemple pittoresque du modelé en creux du massif de l'Ardenne.

Au départ de Rocroi, une petite route encaissée serpente entre les hautes haies bocagères, traverse un hameau en pierres de taille et plonge dans une forêt massive pour rejoindre l'étang de la Rochelle. Sur les hauteurs de cette cuvette naturelle évasée, le paysage change totalement. C'est le pays des censes, ces fermes, en torchis, bardées de bois d'aulnes, disséminées parmi les taillis de chênes sessiles, de bouleaux et de charmes d'où émergent, à l'automne, les grappes rouges des sorbiers des oiseleurs.

Rocroi sur un plateau

S a forme radioconcentrique fait de Rocroi une cité unique au monde. Au 16e siècle, François 1er l'avait voulue imprenable pour résister aux assauts espagnols. Le 19 mai 1643, la victoire du jeune duc d'Enghien lui donne raison. Ainsi naquit la légende du Grand Condé et la notoriété d'une bourgade dont les remparts dessinent les branches d'une étoile de pierre.

Au large de la ville, une stèle rappelle encore le site de la célèbre bataille. Alentour, le plateau de Rocroi déroule ses rudes étendues venteuses parsemées de bocages, de forêts et de rièzes, ces landes humides autrefois mises en pâtures et refuges d'une flore remarquable. Partout, l'élevage a façonné un paysage délimité par des haies de charmes ou de hêtres. C'est ici, dans cette contrée, où il reste deux des fonderies qui firent au 19e siècle la prospérité industrielle, qu'était fabriqué l'un des fromages les plus toniques des Ardennes, le Rocroy, un petit maigre qui a du coffre !

La cité de Rocroi. *Photo C.L./CDT08.*

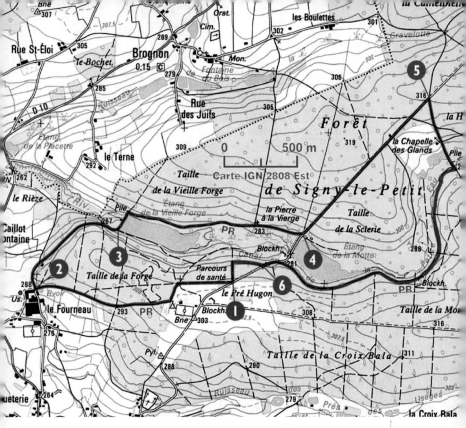

Entre Hauts et Thiérache

Autour de Signy-le-Petit, le paysage hésite entre la douceur des bocages thiérachiens et la rudesse du plateau de Rocroi. C'est un pays d'étangs et d'histoires, authentiques ou légendaires. L'une d'elles raconte que la chapelle des Glands, près de l'étang de la Motte, fut édifiée à l'emplacement du plus ancien établissement humain connu dans la région. En 1132, le baron de Rumigny fit don de ce hameau à des moines qui y édifièrent un lieu de culte, disparu au 18e siècle.

Autre temps, autre histoire. Le circuit des deux étangs passe aussi par la pierre à la Vierge, un rocher en forme de table d'où, en des temps immémoriaux, des fidèles se montrèrent incapables d'enlever la statue de Vierge qui y avait été déposée. Ce lieu cultuel fut longtemps l'objet d'offrandes.

Eglise de Signy-le-Petit.
Photo B.B./CDT08.

Le circuit des Deux Etangs

2h40
8 Km

316m
267m

Situation Signy-le-Petit, à 43 km au Nord-Ouest de Charleville-Mézières par les N 43 et D 20

Parking près de la base de loisirs (200 m après le camping en direction de la Belgique)

Balisage vert clair

Ne pas oublier

Cet itinéraire longe les étangs de la Motte et de la Vieille-Forge, le canal de la Petite-Eau et passe à La Chapelle-des-Glands, connu comme l'établissement humain le plus ancien de la région.

❶ Emprunter le fossé du périmètre jusqu'au croisement avec le parcours de santé, puis suivre le circuit à gauche. Il passe derrière le camping puis emprunte un large layon.

❷ A l'usine, tourner à droite. Le chemin longe le canal de la Petite-Eau et aboutit à l'extrémité de l'étang de la Vieille-Forge *(pêcheurs à la ligne).*

❸ Poursuivre sur la gauche. Longer l'étang puis le vallon, passer près de la Pierre de la Vierge *(important rocher de quartzite en forme de table qui doit son nom à la Vierge qui y fut posée et qu'il n'y eut plus moyen de soulever)* et arriver face à l'étang de la Motte.

❹ Prendre la route forestière à gauche sur 1,3 km.

❺ Emprunter à droite le sentier de la Chapelle-des-Glands sur 300 m, franchir le pont du canal de la Petite-Eau, puis tourner à droite et longer le canal jusqu'à l'étang de la Motte. Prendre à gauche la route qui mène au camping.

❻ Partir sur la droite, longer à nouveau le canal de la Petite-Eau sur 200 m, puis s'engager à gauche sur le sentier qui ramène au point de départ.

Jonc.
Dessin N. L.

À voir

En chemin

■ base de loisirs de Signy-le-Petit ■ étangs de la Vieille-Forge et de la Motte ■ La Chapelle-des-Glands : oratoire

Dans la région

■ Signy-le-Petit : église fortifiée 17e ■ Rumigny : église 14e-17e (cuve baptismale romane), château de la Cour des Prés 16e ■ Liart : maison de la Thiérache ardennaise

Le circuit de la Route Martin

**5 h
19,5 Km**

400m
181m

En une promenade, vous pourrez admirer de nombreux sites façonnés et utilisés par l'homme pour des raisons économiques et énergétiques. Ce circuit doit son nom à l'industriel de l'électroménager.

Situation Les Mazures, à 22 km au Nord de Charleville-Mézières par les D 989 et D 88

 Parking dans le village

 Balisage blanc

❶ Dans le village, emprunter le chemin en direction du Sud-Ouest sur 300 m, puis descendre à gauche jusqu'au lac des Vieilles-Forges. Longer la route à droite sur 800 m.

Difficulté particulière
■ forte montée entre ❺ et ❻

❷ Après le centre nautique, monter à droite *(circuit des Ardennes à cheval)*, franchir le vallon de la Picarde, puis s'élever à droite. Descendre à gauche par le chemin des Vieilles-Forges, traverser le hameau puis le ruisseau.

Ne pas oublier

Rameau de pin sylvestre. *Dessin N. L.*

À voir

❸ Tourner à droite et longer le ruisseau de la Faux. Emprunter la D 31 à droite sur 400 m et franchir le vallon.

 **En chemin**

❹ Partir à gauche et remonter le vallon jusqu'au bassin de Whitaker.

■ lac des Vieilles-Forges
■ vallée de la Faux ■ bassins de Whitaker et des Marquisades

❺ Grimper à droite, suivre le circuit des Roches-de-l'Empereur sur 200 m, partir à gauche, puis monter par le chemin *(points de vue sur la vallée de la Faux et le bassin de Whitaker)* jusqu'au bassin des Marquisades.

Dans la région

❻ Tourner à droite et longer le bassin.

■ Renwez : musée de la Forêt
■ Montcornet : château féodal ■ vallée de la Meuse : roche des Dames-de-Meuse

❼ Emprunter le chemin à droite, passer devant le chêne de la Table-Ronde, tourner à gauche et revenir par les bois au village des Mazures.

La Faux et ses lacs

Au 16e siècle, tout est parti d'elle. Torrent modeste quoique capricieux, la Faux serpente au large des Mazures, non loin de Revin. Elle traîne derrière elle un important réseau de marais issu d'un effondrement tectonique du plateau ardennais. Le cours de la Faux est aménagé d'une succession de retenues actionnant des moulins de forges qui, peu à peu, s'éteindront.

En 1927, la Faux est barrée et les retenues sont transformées en réservoirs destinés à la production d'électricité. Un lac naît, puis deux, puis trois… Le lac des Vieilles Forges d'abord, une vaste retenue dont EDF fera, à partir de 1949, le plus grand complexe hydroélectrique de France. Deux autres bassins complémentaires suivront : les 65 hectares du bassin de Whitaker (qui doit son nom à l'Anglais qui y implanta une fonderie au début du 20e siècle) et le bassin des Marquisades (65 hectares). À des titres divers, touristiques ou technologiques, ces trois bassins figurent aujourd'hui parmi les premières curiosités ardennaises.

Des loisirs à la carte

Base de loisirs des Vieilles Forges. *Photo CG08.*

Grâce à ses berges aménagées, le lac des Vieilles Forges est aussi devenu un haut lieu de la pêche. Des équipements structurés répondent aux besoins des vacanciers et des plaisanciers : un centre de congrès, un camping trois étoiles de 200 emplacements et une base d'animation ouverte à l'hébergement de 44 visiteurs et à la restauration de 120 autres, complètent

En pleine forêt d'Ardenne, les 150 hectares de la retenue artificielle des Vieilles Forges évoquent volontiers quelque lac canadien : sauvage et authentique. Le Conseil Général des Ardennes y a aménagé, au début des années soixante-dix, la plus grande de ses bases départementales de loisirs. Ici, le sport est roi : planche à voile, canoë, baignade… l'ensemble. Trois mois par an, la baignade y est surveillée et les activités nautiques et sportives s'y multiplient : beach volley, parcours de santé, terrains de jeux et aires de pique-nique. Les Vieilles Forges sont aussi un remarquable poste d'observation de l'avifaune aquatique : hérons cendrés, canards colverts et poules d'eau.

Vue de l'itinéraire. *Photo CG08.*

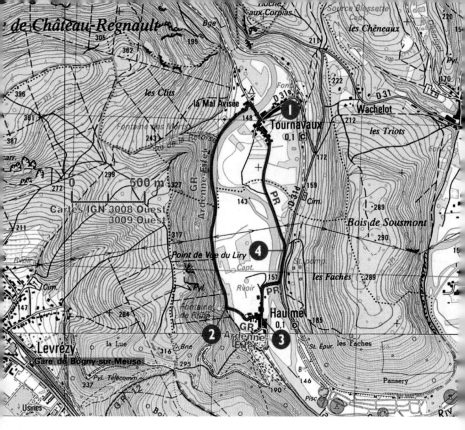

La Semoy dans ses jardins

Entre Tournavaux et Haulmé, les hauteurs abruptes du massif ardennais qui accompagnaient jusque là le cours de la Semoy soudain s'aplanissent. Géologiquement, l'explication est simple. Entre les deux communes, cette plaine alluviale est née du barrage formé par un " béton " naturel de pierres roulées par la mer, à la hauteur de la Roche aux Corpias (corbeaux dans le patois local). Le barrage a provoqué l'accumulation des alluvions en amont de Tournavaux et les rapides de Phade en aval. Les berges de la Semoy n'hébergent plus, comme autrefois, de travaux agricoles : fenaisons sur les berges, cultures sur les versants. Pour éviter l'appauvrissement du paysage, on a défriché et installé des bovins et des chevaux rustiques, de l'espèce Ardennaise, évidemment.

La Semoy, à Tournavaux. *Photo CG08.*

La plaine de Tournavaux  6

Découvrir le site classé de la plus vaste plaine alluviale de la vallée de la Semoy et profiter de ses villages soignés.

① De la mairie de Tournavaux, partir vers La Malavisée et franchir le pont qui enjambe la Semoy. Juste après, tourner à gauche et longer la rivière sur 200 m avant d'atteindre La Malavisée. Poursuivre sur un terrain plat en direction de Ruha, en dominant la Semoy. L'itinéraire est d'abord forestier, puis il continue en lisière de forêt. Gagner Ruha (fontaine-lavoir au pied de la côte).

② En face de la fontaine, prendre le sentier direction Haulmé-Village qui serpente entre haies et jardins, puis qui entre discrètement dans Haulmé. Rejoindre la place du village.

③ Prendre sur la gauche, puis franchir à nouveau la Semoy par le pont d'Haulmé et atteindre Haulmé-Pont. Longer le parking en montant par la route sur 50 m en direction de Tournavaux.

④ Descendre à gauche par le chemin qui longe la rivière puis traverse la plaine alluviale avant de retrouver Tournavaux.

Osmonde royale.
Dessin N. L.

Situation Tournavaux, à 22 km au Nord de Charleville-Mézières par les D 1 et D 31

P **Parking** de la mairie

Balisage
① à ③ blanc-rouge
③ à ① jaune

À voir

🐾 **En chemin**

■ site classé de la Semoy
■ rapides de Phade
■ fontaine-lavoir de Ruha
■ Haulmé : linteau représentant saint Hubert et son cerf (près de l'église)

 **Dans la région**

■ vallée de la Semoy et de la Meuse ■ Roc-la-Tour ■ Roche aux Corpias ■ Base de loisirs d'Haulmé ■ Sculptures de Jean Morette à l'entrée des villes

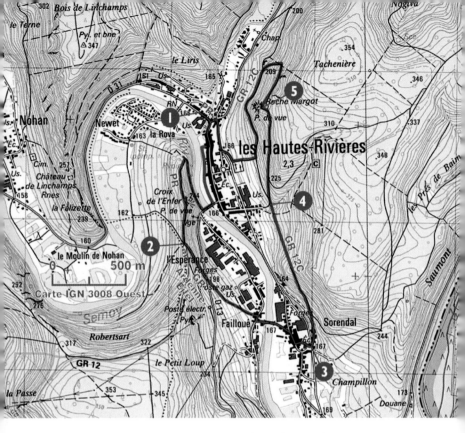

La mémoire des boutiques

La tradition métallurgique du bassin de la Semoy est très ancienne. Un minerai pauvre, du bois abondant et des eaux vives ont favorisé, dès le 17e siècle, la production de fonte, puis d'acier. La fabrication de clous façonnés à domicile dans des " boutiques ", encore visibles parfois derrière les maisons d'habitation (dans la commune des Hautes-Rivières par exemple), est à l'origine des activités de forges qui occupent aujourd'hui l'économie locale et fournissent un emploi à plus d'un salarié sur deux. La vallée de la Semoy doit à ce savoir-faire reconnu son surnom de " Vallée de la qualité ". Ses entreprises figurent parmi les principaux fournisseurs de l'industrie automobile et ferroviaire française, et des fabricants de machines agricoles.

Vue sur Hautes-Rivières depuis la croix de l'Enfer. *Photo CIN/M.D.*

La Croix de l'Enfer

3 h • 6,5 Km   275m / 166m

Choisir la voie haute pour goûter la puissante cacophonie de ses pilons de forges ou son silence dominical. Au choix !

Situation Les Hautes-Rivières, à 30 km au Nord de Charleville-Mézières par les D 1 et D 31

Parking place de Saint-Jean

Balisage
❶ à ❷ jaune
❷ à ❶ blanc-rouge

Difficulté particulière
■ dénivelés

❶ A partir de la place de Saint-Jean, suivre la rue principale en direction de la place de la Mairie, puis s'engager sur la droite entre deux maisons et atteindre le bord de la rivière. La remonter à gauche jusqu'au pont et le traverser. Sur l'autre rive, s'engager à droite sur le sentier qui monte en longeant une ancienne carrière et atteindre la croix de l'Enfer *(point de vue)*. Continuer jusqu'à La Hatrelle.

❷ Descendre par un bon chemin, couper la D 13, puis continuer par le sentier et gagner Failloué. Emprunter la route à droite sur quelques mètres, puis franchir à nouveau la rivière et atteindre la place de Sorendal.

❸ En tournant le dos à l'ancienne école, monter à gauche. Le chemin s'élève de façon régulière dans la forêt *(point de vue à gauche)*. Déboucher dans la raide rue du Comodo.

❹ La couper et poursuivre en forêt par le chemin le moins raide sur 750 m.

▶ A 25 m du chemin, au point le plus haut, point de vue exceptionnel de la roche Margot.

❺ Continuer par le chemin et entamer, par la gauche, une longue descente en forêt puis au milieu d'anciennes terrasses agricoles. Longer le cimetière, déboucher près de l'église des Hautes-Rivières et rejoindre à droite le pont de Saint-Jean pour retrouver le point de départ.

Canche flexueuse.
Dessin N. L.

À voir

En chemin

■ Hautes-Rivières : modestes "boutiques" des cloutiers (à l'origine de l'histoire économique de la commune)
■ croix de l'Enfer et roche Margot : point de vue
■ terrasses agricoles

Dans la région

■ vallées de la Semoy et de la Meuse ■ Roc-la-Tour
■ Roche aux Corpias ■ Base de loisirs d'Haulmé
■ Sculptures de Jean Morette à l'entrée des villes

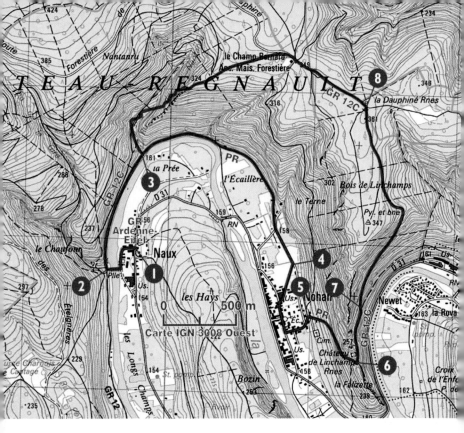

La forêt et ses usages

L a première richesse de la forêt ardennaise est sa diversité. Sur le plateau, forêts de production sont plantées de résineux et sur les versants, de forêts de feuillus voués au bois de chauffage et, autrefois, aux galeries de mine et aux traverses. En altitude, se sont des forêts de chênes, de bouleaux et de sorbiers, tandis qu'en plaine, on trouve des forêts de charmes et d'érables.

Les dimensions des plantations sont également variables : forêts publiques héritées des anciennes propriétés monastiques, royales ou hospitalières, ou petites parcelles privées. Partout, la nature porte le témoignage des relations étroites entretenues par les Ardennais et leur forêt : fossés des limites foncières, cicatrices d'anciens pièges de grives, sillons verticaux des bois autrefois descendus par luges.

La vallée de la Semoy. Photo CIN/M.D.

Quand une crête devient rempart...

Tutoyer la Semoy, et se glisser dans l'intimité de ses affluents et de ses conquérants !

1 Franchir la passerelle sur la Semoy et atteindre l'ancienne halte ferroviaire marquée par ses tilleuls.

2 Tourner à droite et poursuivre à plat sur 1 km pour gagner Nantanru.

3 Continuer à longer la Semoy, par le tracé de l'ancienne voie ferrée jusqu'aux Aizes.

4 La quitter pour un chemin herbeux sur la droite, en direction de la Voye-à-l'Âne. Traverser Nohan par la rue principale, puis sur la gauche, par la rue de la Butterie.

5 Monter par le premier chemin goudronné à droite, toujours en direction de la Voye-à-l'Âne. Traverser ainsi le site des ruines du château de Linchamps.

6 Le Banc de la Fileuse, non loin de là, mérite un petit détour. Après une descente raide, rejoindre un large chemin et le descendre jusqu'au carrefour de la Voye-à-l'Âne.

7 A la Voye-à-l'Âne, monter vers la gauche pour atteindre le plateau et le carrefour de la Dauphiné.

8 Continuer par une large piste et gagner Le Champ-Bernard *(de nombreuses familles de forestiers ont vécu dans cette maison en autonomie, comme en atteste le four à pain indépendant)*. Monter par la route sur 200 m, puis prendre à gauche juste après le panneau touristique, en direction de Nantanru. Après 700 m de chemin plat, ne pas effectuer le virage en descente, mais continuer par le sentier de crête. Il permet de passer par le point de vue du Liry qui domine la Semoy. Descendre le long de la crête rocheuse et rejoindre l'ancienne voie ferrée à Nantanru.

9 Emprunter la voie à droite vers l'aval pour atteindre la passerelle de Naux.

10 Franchir la passerelle pour retrouver le parking.

---

3 h
8,5 Km
361m
161m

Situation Naux, à 24 km au Nord de Charleville-Mézières par les D 1 et D 31

 Parking au bord de la Semoy

Balisage
1 à **2** blanc-rouge
2 à **6** jaune puis rouge-blanc
6 à **8** blanc-rouge

 Difficultés particulières

■ dénivelés ■ parcours accidenté entre **6** et **7** puis **8** et **9**

Ne pas oublier

À voir

En chemin

■ Nohan : habitat ancien (rare cul-de-four saillant au 1er étage d'une maison en bordure de Semoy) ■ château de Linchamps (démantelé en 1673) : vestiges d'escaliers taillés dans le rocher ■ Banc de la Fileuse (siège d'une légende oubliée) ■ La Dauphiné : hameau où vécut une dynastie d'ébénistes (les familles de la vallée se flattent de posséder des témoignages mobiliers aux décors spécifiques) ■ point de vue

 **Dans la région**

■ vallées de la Semoy et de la Meuse

George sous le charme

Au printemps 1869, George Sand est en panne d'inspiration. La femme de lettres a 65 ans. *La Revue des Deux-Mondes* lui commande un récit romanesque. Or la voici, quelque temps après, de passage à Revin. L'écrivain, qui voyage beaucoup et pas uniquement en France, est immédiatement séduite par la ville et plus encore par le chemin de fer de la vallée de la Meuse qu'elle emprunte, et par les hauteurs du mont Malgré-Tout qui domine la cité. Pendant quelques jours, George Sand séjourne dans un château, entre Laifour et Deville. Sous le charme, elle tirera de cette découverte la matière d'une nouvelle, intitulée *Malgré-Tout*. Aujourd'hui, une stèle en ardoise de Fumay, sur le Malgré-Tout, témoigne de son passage en terre ardennaise.

Gravure de
George Sand.
Photo M.C.

La promenade George-Sand

Une remarquable promenade en plein cœur de la vallée de la Meuse qui permet d'accéder au plus beau point de vue sur Revin.

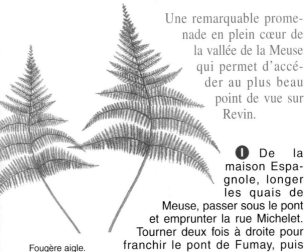

Fougère aigle.
Dessin N. L.

Situation Revin, à 25 km au Nord de Charleville-Mézières par les D 88 et D 988

 Parking le long des bords de Meuse

Balisage
rond jaune

 Difficulté particulière

■ dénivelés

Ne pas oublier

❶ De la maison Espagnole, longer les quais de Meuse, passer sous le pont et emprunter la rue Michelet. Tourner deux fois à droite pour franchir le pont de Fumay, puis suivre à gauche la rue de Falières en bordure de Meuse.

❷ Continuer tout droit à la bifurcation (chemin du retour), puis emprunter le chemin forestier à droite. Il surplombe la vallée de Falières, puis s'élève dans la forêt en un large lacet.

❸ A l'intersection du Gros Chêne, tourner à gauche et arriver dans une carrière ouverte. Virer à droite et suivre le large chemin forestier *(point de vue panoramique sur la boucle de Revin et piste de décollage du parapente)*. Aller à gauche et continuer par le chemin des Crêtes.

❹ Quitter le chemin et partir à gauche. A l'intersection, tourner à droite, suivre le chemin qui surplombe la vallée de la Meuse, puis passer dans une succession de sapinières.

❺ Emprunter un tronçon de la route forestière du Bois-Bryas *(route stratégique durant la dernière guerre car elle permettait de réaliser une jonction avec le plateau de Rocroi et désenclavait la ville de Revin par la rive gauche de la Meuse)* qui descend en un grand lacet.

❻ Prendre le chemin à droite *(vue panoramique sur Revin)*, puis celui qui descend à gauche et retrouver la vallée de la Meuse.

❼ Par l'itinéraire emprunté à l'aller, regagner le point de départ.

 **À voir**

En chemin

■ Revin : maison Espagnole 15e ■ point de vue sur la boucle de Revin ■ piste de décollage du parapente ■ route forestière du Bois-Bryas (route stratégique durant la période 1939-45)

Dans la région

■ Revin : quartier du Vieux Revin 16e-18e, église Notre-Dame 18e (mobilier 18e), galerie d'art contemporain ■ vallée de la Meuse

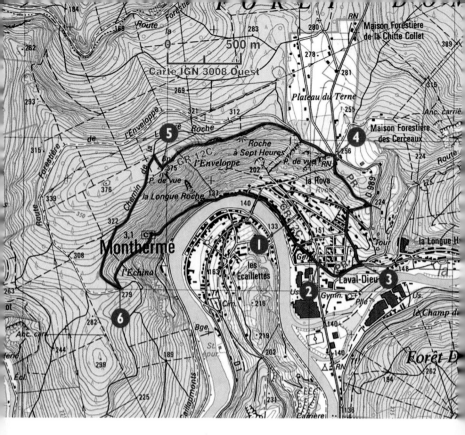

Au temps des cerises

Avec Fumay, Monthermé fut longtemps l'autre capitale ardennaise de l'ardoise. Du 12e siècle jusqu'à la moitié du 20e, de nombreuses carrières emploient hommes, femmes et enfants. Autour de la ville, on trouve encore des cabanes de carriers construites avec des moellons de quartzite. Protégés des intempéries par des baraques rudimentaires, les ardoisiers " écaillent " les blocs de schiste. L'un des quartiers s'appelle toujours les Écaillettes, et ses habitants, les Baraquins.
Au cours du 19e siècle, les entreprises métallurgiques supplanteront peu à peu les ardoisières. Mais les conditions de travail restent difficiles. N'est-ce pas en s'en inspirant qu'un syndicaliste et chansonnier parisien, parcourant la vallée, créera *Le Temps des cerises* ? Il s'appelait Jean-Baptiste Clément.

Roche à Sept-Heures. *Photo W.F./CDT08.*

La Roche à Sept-Heures

Monthermé, cité resserrée au fond de la vallée de la Meuse, est dominée par les hauteurs abruptes de l'Enveloppe. Du sentier des crêtes, le spectacle de la grande boucle se déroule jusqu'à l'horizon.

2h30
6 Km

370m
140m

Situation Monthermé, à 20 km au Nord de Charleville-Mézières par les D 88 et D 989

❶ De l'office de tourisme, place Jean-Baptiste Clément, emprunter la rue principale.

 Parking place Jean-Baptiste-Clément

❷ Poursuivre en direction de Thilay, en passant devant la banque, la gendarmerie, le collège et le centre de secours.

 Balisage
❶ à ❷ blanc-rouge
❷ à ❹ blanc-jaune
❹ à ❶ blanc-rouge

❸ Un peu au-dessus, prendre la rampe *(mur de soutènement)* sur quelques mètres, puis emprunter à gauche la rue de l'Egalité qui longe le cimetière et la rue de la Promenade. Au bout, continuer en face par le chemin qui mène à l'auberge de la Roche-à-Sept-Heures.

 Difficulté particulière

■ dénivelés

❹ Emprunter la route forestière en direction de la Roche à Sept-Heures. Après le point de vue, aller à gauche. Une légère montée, quelques escaliers et une rampe en métal indiquent le début du chemin des Crêtes, qui surplombe la boucle *(huit stations permettent de profiter de vues toujours différentes sur la Meuse et Monthermé).* A travers bois, atteindre le site de la Longue Roche.

Ne pas oublier

❺ Prendre juste derrière le chemin bordé d'arbres.

❻ A l'intersection, partir à gauche pour rejoindre le chemin Saint-Louis et descendre à flanc *(vue sur le barrage, l'île de Mal-Hanté, le camping de l'Echina et l'église Saint-Léger).* En bas, continuer vers l'office de tourisme.

En chemin

■ points de vues sur les crêtes
■ la Longue Roche ■ la Roche à Sept-Heures

Cerf élaphe.
Dessin P. R.

Dans la région

■ Monthermé : abbaye de Laval-Dieu reconstruite au 17e (chevet roman, boiseries 17e) ; église Saint-Léger 1452 (fresques 16e, cuve baptismale romane en pierre de Meuse), ancienne ville

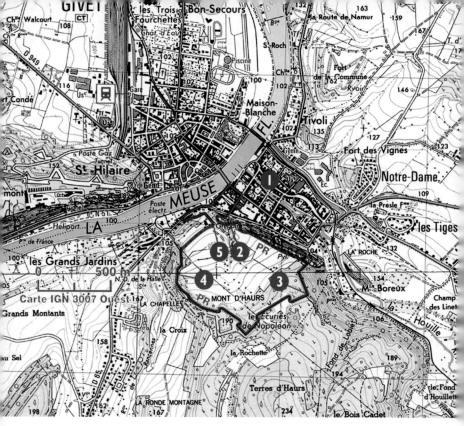

Une citadelle espagnole

À l'extrême Nord des Ardennes, Givet et sa pointe, sont les passages répétés des invasions. Au 16e siècle, la guerre fait rage entre la France et l'Espagne. Pour résister à l'offensive d'Henri II, récent conqué-rant de Marienbourg en Belgique, Charles Quint construit ici une cita-delle imprenable. C'est Charlemont qui fait de Givet la plus importante place forte du Nord de la France. En 1678, elle devient française.

Séparées par la Meuse, les deux parties de la ville sont fortifiées. Ainsi sont édifiés les bastions et murailles qui enserrent Givet Saint-Hilaire en rive gauche, et Givet-Notre-Dame en rive droite. Ici, les bastions entourent le camp retranché du mont d'Haurs, tracé par Vauban. Ce camp pouvait contenir jusqu'à 20 000 hommes et 3 000 chevaux.

Le fort de Charlemont. *Photo B.B/CDT08.*

Le circuit du Mont d'Haurs

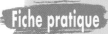

195m
100m

Situation Givet, à 60 km au Nord de Charleville-Mézières par les D 88, D 988 et N 51

 Parking place de la République

Balisage jaune

 Difficulté particulière

■ ne pas s'approcher du bord instable des murailles (rester à plus de 3 m) entre ❷ et ❸

Ne pas oublier

Pie bavarde. *Dessin P. R.*

La position stratégique de Givet (à la frontière belge), en a fait un lieu privilégié pour les invasions. Ainsi, vous pourrez apercevoir sur le parcours de nombreux témoignages historiques tels que les blochaus du Mont-d'Haurs, recouverts de végétation.

 À voir

 En chemin

■ tour Grégoire 12e-19e ■ ensemble des fortifications du camp retranché du Mont-d'Haurs ■ vue sur le fort Charlemont

❶ Du panneau, près des feux, prendre la rue Jules-Gilbert près de la librairie, en direction de la tour Grégoire, située au-dessus du mont d'Haurs. Au bout de la rue, tourner à droite, puis au panneau tour Grégoire, monter à gauche. Virer à gauche pour gagner la tour Grégoire *(point de vue sur Givet Notre-Dame à droite, Givet-Saint-Hilaire à gauche de l'autre côté de la Meuse avec le fort Charlemont, et au loin, le manoir d'Agimont).*

❷ Franchir les 20 m de roches *(bien suivre le balisage).* A l'intersection, continuer à gauche en direction de l'émetteur de télévision. Poursuivre par le chemin *(bien suivre le balisage)* jusqu'au bord des fortifications.

❸ Prendre le chemin à droite en contrebas et longer la ligne de fortifications *(bien suivre le balisage).*

❹ En arrivant dans la dernière partie du petit front-mâchoire de la tenaille, descendre vers la droite et traverser la pâture le long de la haie. Garder la direction de la pointe Est du fort de Charlemont *(points de vue).*

❺ Emprunter le chemin à gauche et descendre au quai de Rancennes. Tourner à droite et retrouver le point de départ.

Dans la région

■ Givet : église Saint-Hilaire 17e (stalles 17e), église Notre-Dame 13e-17e-18e, chapelle et calvaire de Walcourt, ancien couvent des recollettines 17e-18e, ancien manège militaire
■ Fromelennes : grottes de Nichet ■ vallées de la Meuse et de la Semoy

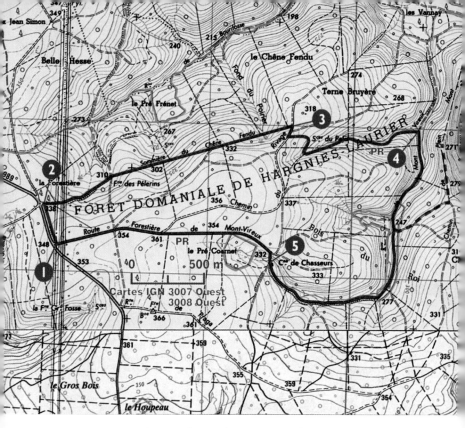

Les derniers tendeurs

Lumières matinales en sous-bois. *Photo ONF.*

Les Ardennes françaises sont la dernière région d'Europe où la tenderie aux grives est encore autorisée, quoique sérieusement réglementée. Hargnies et sa forêt domaniale (1 500 hectares) constituent les ultimes bastions d'une tradition immuable. Chaque année, en octobre – d'où leur surnom de " passantes d'octobre " - les grives venues des contrées nordiques traversent les Ardennes. À 127 centimètres du sol, les tendeurs aménagent sur les troncs d'arbres des pièges constitués d'une " pliette " de saule ou de noisetier, d'un lacet en crin noir et d'un appât, généralement le fruit rouge du sorbier. Lorsque, fruit en bec, la grive prend son envol, le lacet fait son œuvre. Il existe quatre espèces de grives : la mauvis, la musicienne, la litorne et la draine.

La forêt des Lauriers

2 h 20
7 Km

354m
215m

Situation Hargnies, à 36 km au Nord de Charleville-Mézières par la D 989

Parking de la forêt domaniale, à 3 km au Nord d'Hargnies par la D 989 (début de la route forestière du Mont-Vireux)

Balisage vert

Partez à la découverte de la forêt domaniale d'Hargnies-Laurier. Située entre 109 m et 366 m d'altitude, cette forêt de l'Ardenne primaire est assise sur des schistes et des quartzites de Saint-Hubert et a une superficie de 1 300 hectares.

Drosera rotundifolia.
Dessin N. L.

Ne pas oublier

❶ Emprunter vers le Nord le chemin empierré parallèle à la D 989.

❷ Prendre le chemin empierré à droite et continuer par la sommière du Chêne-Fendu. Passer à la fontaine des Pèlerins et poursuivre tout droit sur plus d'1 km.

❸ A l'intersection, emprunter à droite le chemin du Rivage sur 75 m, puis s'engager sur le second chemin à gauche. Il descend, passe à la source du Palis et longe le ruisseau du Palis jusqu'à proximité du confluent avec le ruisseau du Mont-Vireux.

❹ Prendre à droite le chemin du Mont-Vireux qui remonte le ruisseau du même nom. Ce chemin très pittoresque s'élève régulièrement dans la vallée encaissée, bordée de taillis.

▶ A gauche, départ des circuits bleu et rouge qui permettent de se rendre sur les ruines du mont Piémont (aller-retour 2 km).

Le chemin amène à la clairière de la cabane de chasse.

❺ Poursuivre par la route forestière du Mont-Vireux pour retrouver le parking.

À voir

En chemin

■ fontaine des Pèlerins
■ source du Palis

Dans la région

■ Hargnies : village-clairière, église Saint-Lambert 19e (vestiges 17e) ■ Chooz : centrale nucléaire franco-belge, mairie 16e, "château" 16e-19e, église Saint-Rémi 17e (fonts baptismaux 17e) ■ Givet : ville mosane, forts

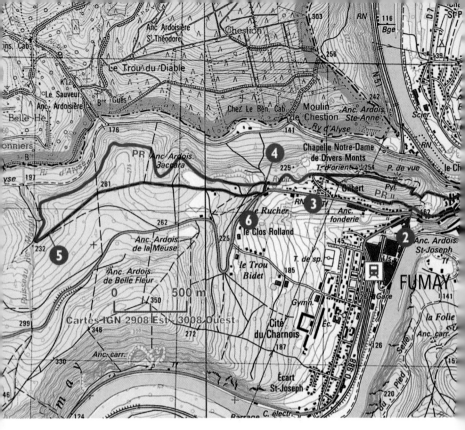

La capitale de l'ardoise

L e massif ardennais est la conséquence des plissements qui se sont produits, il y a 500 millions d'années. Les mers y ont alors déposé des schistes, d'où la présence en abondance de gisements d'ardoise à Monthermé, Revin, Rimogne, Haybes et surtout Fumay. Sa réputation de capitale de l'ardoise n'est pas usurpée. La qualité du schiste et la palette des ardoises fumaciennes (mauve, violine ou verte) sont sans égal. Au 19e siècle, Fumay possédait un bassin d'exploitation de 3 000 hectares. Le coût élevé de l'extraction de l'ardoise lui a porté un coup fatal. Les dernières mines ont

La ville de Fumay. *Photo CG08.*

fermé leurs portes en 1971. Pour s'en souvenir, il reste le musée de Fumay et la Maison de l'ardoise à Rimogne dont le puits plongeait à 185 mètres de profondeur.

Les ardoisières de Fumay

Le passé ardoisier de Fumay en fait toute la richesse. En effet, plus de 300 carrières furent exploitées pendant près de huit siècles. Laissez-vous guider sur les pas des ardoisiers.

Chêne sessile.
Dessin N.L.

❶ Traverser la N 51, devant le *Crédit Agricole*, longer ce trottoir jusqu'à la fresque des Scailleteux *(œuvre de M. Favaudon)*. Prendre la première rue à droite et monter jusqu'aux dernières habitations du terne de la Haye *(première observation des morceaux d'ardoises)*.

❷ Entrer dans le bois par le sentier et atteindre les vestiges de l'ancienne ardoisière Sainte-Anne-2 *(panneaux explicatifs)*. Continuer et gagner l'ardoisière Saint-Gilbert. Traverser la platelle.

❸ Laisser l'itinéraire de retour à droite et gagner la station de traitement des eaux. Suivre la petite route sur quelques mètres.

❹ Prendre le sentier à droite et continuer par le chemin des Eaux *(qui autrefois alimentait la ville en eau potable)*. Déboucher à Margut *(du nom de l'ancien bassin)*. Franchir une première fois le ruisseau, puis aller à gauche sur quelques mètres et traverser une seconde fois le ruisseau. Poursuivre sur quelques mètres.

❺ S'engager sur le premier sentier à gauche. A l'intersection, aller en face à la barrière rouge et continuer à travers les bois ombragés. Arriver à La Baccara *(vestiges d'une ancienne ardoisière)*. Après la barrière, se diriger à gauche sur quelques mètres et atteindre un verdeau *(déchets d'ardoises)*. Poursuivre.

❻ Au carrefour, tourner à gauche.

❹ Rejoindre à droite la station de traitement des eaux et poursuivre par l'itinéraire aller jusqu'à Saint-Gilbert.

❸ Prendre le chemin à gauche et monter dans la forêt par le sentier des Crêtes *(points de vue)*. Suivre le sentier du Point-de-Vue-de-la-Vallée. Au relais de télévision, continuer par ce sentier *(vue sur Sainte-Anne)*. A l'embranchement, aller à gauche et descendre pour retrouver le point de départ.

3 h
8 Km

285m
125m

Situation Fumay, à 30 km au Nord de Charleville-Mézières par les D 88 et D 988

 Parking place Aristide-Briand

Balisage jaune

 Difficultés particulières

■ déconseillé en période de chasse au bois ■ risque de boue par temps de pluie ■ dénivelés

À voir

En chemin

■ ancienne ardoisière des Grands-Fonds ■ ancienne ardoisière Sainte-Anne-2 ■ platelle Saint-Gilbert ■ chemin des Eaux ■ ancienne ardoisière de la Baccarra ■ points de vue

 **Dans la région**

■ Fumay : musée de l'Ardoise ■ Vireux-Molhain : camp romain ■ vallée de la Meuse

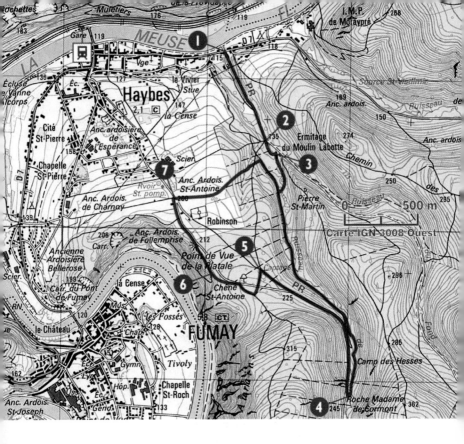

Représailles

Ardoisières (détail). *Photo CIN/M.D.*

L' histoire d'Haybes est inséparable de celle de ses gisements d'ardoise, comme chez sa voisine, Fumay, distante de deux kilomètres. Mais l'Histoire, la grande, y a également ment laissé de tragiques souvenirs. Le 24 août 1914, Haybes fut le lieu du plus important massacre perpétré par l'armée allemande, lors de l'entrée des troupes de l'Empereur Guillaume II en terre ardennaise. Venue de Belgique, l'armée ennemie livre en quelques jours une offensive éclair et, partout, élimine les poches de résistance animées par les francs-tireurs. À Haybes, 596 maisons seront incendiées et 53 otages fusillés. Pendant la première guerre, les Ardennes furent le seul département français à être entièrement occupé de 1914 à 1918.

Les ardoisières de Haybes  14

2 h
6 Km

225m
115m

Ici comme à Fumay, l'ardoise est reine. C'est elle qui vient colorer le paysage d'une teinte bleue et violette à la fois.

Situation Haybes, à 34 km au Nord de Charleville-Mézières par les D 989, D 88, D 988 et D 7

 Parking au bord de la D 7 (près du ruisseau), à 1 km à l'Est du centre-ville

Balisage jaune

❶ Prendre la petite route et gagner le moulin Labotte *(hôtel-restaurant)*.

❷ Continuer tout droit par le large chemin forestier.

❸ Traverser l'ardoisière du Fond-d'Oury *(1810 ; à droite, entrée de la galerie)* et poursuivre le long du ruisseau le Morhon qui mène à un petit pont en ardoise. Traverser ce pont et suivre le ruisseau sur la droite jusqu'au lieu-dit la roche de Madame-de-Cormont.

Ne pas oublier

Feuille et fruits de charme.
Dessin N. L.

❹ Franchir un gué et redescendre le long du ruisseau à droite.

❺ A l'intersection du captage, prendre à gauche sur 100 m et traverser la route. Suivre le sentier de l'autre côté de la route sur 30 m puis prendre à droite vers le point de vue de la Platale.

À voir

❻ Prendre un sentier qui longe la route. Environ 400 m plus bas, retraverser la route.

 **En chemin**

■ nombreux vestiges ardoisiers ■ point de vue de la Platale

❼ Emprunter à droite un chemin herbeux et bordé de haies. Suivre le chemin sur environ 400 m, prendre à droite sur environ 100 m, puis à gauche en direction du moulin Labotte.

Dans la région

■ vallée de la Meuse
■ nombreux sites ardoisiers

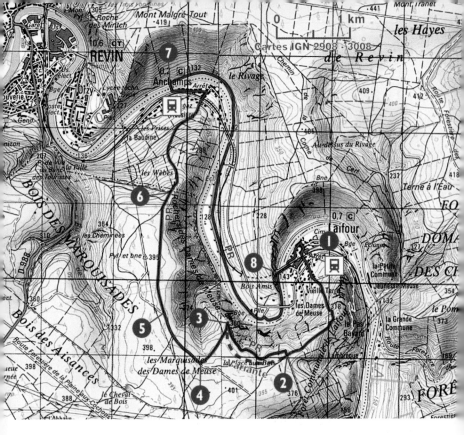

Les Dames de la légende

L'histoire des Dames de Meuse est l'une des plus belles légendes ardennaises. Et leur silhouette, à coup sûr, le meilleur point de vue pour admirer la Meuse entre Laifour et Anchamps, à cinq kilomètres de Revin.

En l'an de grâce 1080, le seigneur de Hierges regarde partir aux croisades ses trois fils, Héribrand, Geoffroy, Vauthier. En leur absence, leurs trois épouses, filles du seigneur de Rethel, trompent l'ennui en galante compagnie, celle de trois chevaliers couards, mais beaux parleurs. Le jour même où les croisés prennent Jérusalem, les trois infidèles sont métamorphosées en trois gros rochers noirs et moussus. Depuis, Hodierne, Berthe et Ige trompent le temps qui passe en regardant, à leurs pieds, voguer les bateaux sur la Meuse.

Les Dames de Meuse. *Collection CIN/M.D.*

Les Dames de Meuse

Découvrez les rochers des Dames-de-Meuse : du haut, en accédant à un point de vue panoramique, puis du bas, par un retour le long de la rivière, au pied des mêmes rochers.

❶ De la gare de Laifour, prendre la rue qui monte, traverser la D 1 et s'élever tout droit sur 500 m. Poursuivre par le chemin qui pénètre dans la forêt. Il grimpe puis continue en sous-bois parallèlement au bord des falaises sur 1,5 km avant d'arriver à une intersection, peu avant la clôture à gibier.

▶ Variante par un itinéraire moins escarpé : franchir la clôture à gibier, suivre le chemin qui la longe à droite sur 1,5 km et passer à nouveau la clôture pour accéder au point de vue des Dames-de-Meuse (repère **❸**).

❷ Avant la clôture, s'engager à droite sur le sentier escarpé qui conduit au point de vue des Dames-de-Meuse.

❸ Partir en direction d'Anchamps *(panneaux)*. Franchir la clôture par les escaliers et prendre le chemin au Sud, face à l'escalier, sur 1 km. Emprunter le deuxième chemin à droite.

❹ Suivre la piste forestière à droite sur 800 m.

❺ La quitter et s'engager à droite sur le chemin rectiligne du gazoduc *(bornes jaunes et grands panneaux)*. Retrouver la clôture et la franchir.

❻ Poursuivre par le chemin qui descend vers le village d'Anchamps. Franchir la ligne de chemin de fer, continuer sur 100 m, puis tourner à gauche et traverser le pont sur la Meuse.

❼ Emprunter la route à droite sur 50 m, puis rejoindre en contrebas la rive droite de la Meuse. Suivre à gauche le chemin de halage qui passe sous le chemin de fer et devant l'écluse. Longer le canal en contrebas des Dames de Meuse, passer sous le pont routier, puis atteindre le pont de chemin de fer.

❽ Franchir la Meuse par la passerelle piétonne et retrouver la gare de Laifour.

---

4 h
14 Km

392m
131m

Situation Laifour, à 25 km au Nord de Charleville-Mézières par les D 989, D 88, D 140, D 31 et D 1

Parking de la gare

Balisage
❶ à **❸** jaune-rouge
❸ à **❻** panneaux directionnels
❻ à **❶** jaune-rouge

Difficultés particulières
■ forte montée au départ
■ bord de falaise en **❸**

Ne pas oublier

À voir

En chemin
■ point de vue des Dames-de-Meuse ■ parc à gibier ■ rives de la Meuse

Dans la région
■ Les Mazures : centrale hydraulique de Saint-Nicolas, bassin des Marquisades ■ vallée de la Meuse

La boucle des Sept-Roches **Fiche pratique** 16

Nous sommes dans le domaine de la forêt profonde : Arduenn Sylva, futaies de chênes et de hêtres dans les creux où l'argile s'est accumulée, maigres taillis sur les pentes où le roc est à nu.

❶ De l'office de tourisme, emprunter la rue et la ruelle du Port, la rue André-Compain, puis franchir les deux ponts sur la Semoy. Emprunter la rue de Phades à gauche, puis la piste forestière à droite.

❷ S'engager dans le talus à droite sur un ancien sentier de carriers et monter vers La Vinaigrerie. Le sentier traverse une piste forestière, rejoint une ancienne carrière puis le col Bayart.

❸ Descendre à droite, soit par le sentier dans les roches, soit par le contournement à flanc de la crête, et rejoindre la platelle et le monument des Quatre-Fils-Aymon. Utiliser les ruelles, franchir la Meuse et gagner Château-Regnault. Longer à droite l'école des Vanelles et remonter la rue Bernisseaux *(à gauche, porte avec l'inscription "Marie et Joseph" sur un pan de mur : seuls vestiges de la Grosse Boutique)* sur 300 m. Emprunter à droite la rue de l'Echelle, avec ses cités en escalier, puis suivre à droite la rue Haute qui conduit à la roche Fendue de l'Ermitage *(point de vue)*.

❹ Gravir le sentier jusqu'aux anciennes cabanes de carriers restaurées.

❺ Gagner la roche aux Sept-Villages, par un sentier en balcon *(point de vue la roche Roma, Braux, Levrézy, Château-Regnault, Deville, Monthermé et l'ancienne abbaye de Laval-Dieu)*.

❻ Poursuivre par le sentier de crête et traverser la D 989. Après la barrière, descendre à gauche par une succession de sentiers.

❼ Poursuivre jusqu'à la galerie d'extraction de l'ardoisière de Mal-Hanté.

❽ Utiliser le sentier d'ardoisiers pour rejoindre le stand de tir et contourner la fosse. Passer à la croix Sainte-Anne et descendre par le chemin de l'Embranchement vers l'église Saint-Léger. Longer le bord de la Meuse et franchir le pont.

❾ Tourner à droite pour regagner l'office de tourisme.

---

4 h
10 Km

305m
133m

Situation Monthermé, à 20 km au Nord de Charleville-Mézières par les D 88 et D 989

 Parking place Jean-Baptiste-Clément

 Balisage
❶ à ❺ blanc-rouge
❺ à ❼ blanc-jaune
❼ à ❶ blanc-rouge

 Difficultés particulières

■ circuit à éviter le dimanche matin (stand de tir)
■ dénivelés ■ pentes raides mais non dangereuses

Ne pas oublier

À voir

 **En chemin**

■ rocher des Quatre-Fils-Aymon ■ nombreux points de vue ■ anciennes carrières

Dans la région

■ Monthermé : abbaye de Laval-Dieu reconstruite au 17e (chevet roman, boiseries 17e); église Saint-Léger 1452 (fresques 16e, cuve baptismale romane en pierre de Meuse), ancienne ville ■ Bogny-sur-Meuse : musée de la Métallurgie, ruelles anciennes ■ vallée de la Meuse

La boucle de la Meuse. *Photo R.M./CDT08.*

Des roches et des légendes

Il y a, dans les vallées, une histoire sous chaque pierre, a-t-on coutume de dire en Ardenne. Longue-Roche, roche à Sept-Heures, roche à Roma, roche à Fépin, roche aux Sept-Villages, rocher des Grands-Ducs, roche aux Corpias… Le long de la Meuse et de la Semoy, chaque amoncellement de quartzites dissimule en effet un univers mystérieux peuplé d'êtres imaginaires, tels les pie-pie van-van ou les nutons. Les premiers étaient censés, la nuit, prendre plaisir à perdre les promeneurs en forêt. Pendant ce temps, les seconds travaillaient à ressemeler les chaussures ou réparer les casseroles. Beaucoup d'autres légendes courent les vallées : celle des Quatre fils Aymon est la plus connue. La silhouette de Renaud, Allard, Guichard et Richard, ces quatre frères chevaliers rebelles à l'empereur Charlemagne, juchés sur leur cheval Bayart, domine Bogny-sur-Meuse. Non loin de Monthermé, les pierres de Roc-la-Tour sont surnommées le Château du Diable, en souvenir d'une de ses plus mémorables colères.

Dans la nuit des temps

Pour illustrer la troublante beauté du massif ardennais, les guides touristiques et les livres de géologie ont souvent utilisé l'image de Monthermé, nichée au creux d'un méandre de la Meuse. L'image témoigne de l'incroyable cheminement de la rivière au cœur d'un relief qui représente, à lui seul, un véritable empilement de ce que la terre a produit depuis un demi-milliard d'années. Depuis l'ère primaire (époque cambrienne), les mers, les plissements de la terre et les érosions successives ont déposé ici des schistes, des grès durs, des calcaires, des quartzites. Chemin faisant, la Meuse a creusé son lit dans les roches tendres et contourné les dures, les quartzites, qui crèvent, en maints endroits, la couche végétale, sous forme de roches monumentales. Du schiste feuilleté, dont naîtra notamment l'ardoise, suintent des eaux qui laissent sur la roche des traînées de rouille contenant du minerai de fer. De méandre en méandre, la Meuse met 27 kilomètres à parcourir les 11 kilomètres qui séparent, à vol d'oiseau, Charleville de Monthermé.

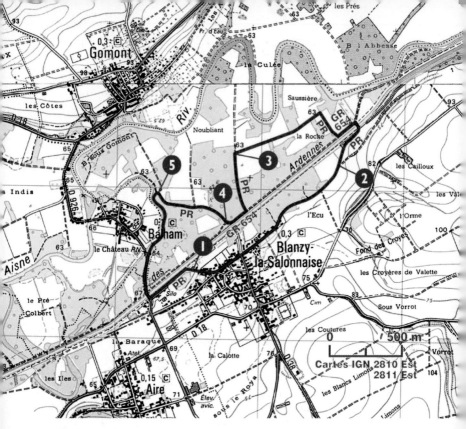

Sur les pas de l'Aisne

Avec le Gland, le Thon et la Serre, l'Aisne est l'un des quatre affluents de l'Oise qui traversent ou naissent sur le territoire ardennais. Elle est en tout cas, avec la Meuse et la Semoy, l'autre grande rivière du département dont elle sillonne la partie sud, d'Asfeld jusqu'en Argonne, sur 108 de ses 279 kilomètres. Elle pénètre dans les Ardennes à Condé-les-Autry avant de baigner Vouziers, Attigny, Rethel et Château-Porcien. Parenthèse de fraîcheur dans un univers de craie, l'Aisne et le canal des Ardennes, qui l'accompagne sur une partie de son parcours, marquent en réalité la transition entre les plaines crayeuses de Champagne et les paysages plus verdoyants des crêtes pré-ardennaises. L'Aisne est aussi le paradis des pêcheurs de brochets, de carpes ou de perches.

La rivière Aisne.
Photo CG08.

Circuit de Blanzy-la-Salonnaise

1 h 45
5 Km

67m / 63m

Un des cinq parcours de randonnée créés par la Communauté de Communes de l'Asfeldois, qui vous conduit au sein de la vallée de l'Aisne, sur un des espaces refuges.

Situation Blanzy-la-Salonnaise, à 4 km d'Asfeld, sur la D 926, en direction de Château-Porcien

Parking sur la place de la salle des fêtes, face à l'église

Balisage bleu (poteaux et plots)

❶ Départ de l'aire de jeux pour enfants. Se diriger vers le village. A la sortie de l'espace jeux, prendre le chemin à gauche entre les propriétés. Tourner ensuite à droite puis prendre la rue à gauche. Traverser Blanzy-la-Salonnaise. L'itinéraire sort du village et parvient à une fourche.

Difficultés particulières

■ prudence par temps humide
■ risque d'inondation sur le passage près du canal
■ attention en période de chasse

Ne pas oublier

Feuilles et fruit de saule blanc.
Dessin N. L.

❷ Bifurquer à gauche et, plus loin, franchir le pont au-dessus du canal. Emprunter à gauche sur quelques mètres le sentier GR® 654 (balisé blanc-rouge) qui longe le canal des Ardennes. L'itinéraire suit la direction du Nord-Ouest sur environ 200 m, puis celle du Sud-Ouest pour atteindre une intersection.

À voir

En chemin

■ canal des Ardennes
■ rencontre de faune sauvage

❸ Prendre à gauche *(attention chemin en craie, glissant par temps humide)* et retrouver le bord du canal. Suivre à droite le sentier GR® 654 sur environ 150 m.

❹ S'engager dans le sentier à droite.

❺ Emprunter le sentier à gauche dans le bois et longer un cours d'eau. Au débouché sur la D 926, prendre à gauche. Après le pont du canal descendre sur le chemin de halage et retourner au départ du circuit.

Dans la région

■ Quatre autres circuits de randonnée (de 6,5 ; 12 ; 14 et 21 km), signalés sur le panneau au départ ■ Villers devant le Thour : l'arbre carafé ■ Asfeld : église baroque 17e, cimetière allemand 1914-1918
■ Balham : église 14e, porche du cimetière

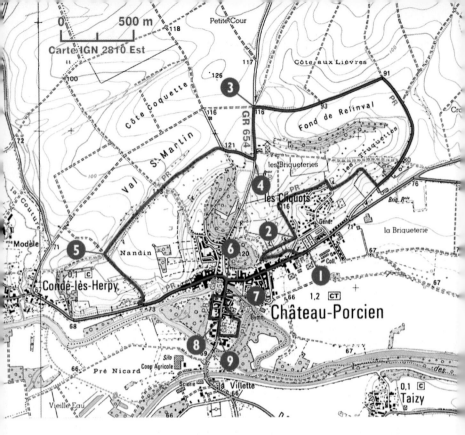

Pans de bois du Porcien

C omme son nom l'indique, la région du Porcien fut autrefois une contrée d'élevage du porc. Aujourd'hui, elle se caractérise notamment par l'abondance de ses demeures à pans de bois, parmi les plus remarquables de Champagne-Ardenne : façades, à ossatures de chêne, dans le Haut-Porcien, assises sur un soubassement de maçonnerie en brique ou en pierre. Le remplissage des murs est fait de torchis.

Les murs les plus exposés sont souvent couverts d'un assemblage de planches de peuplier ou d'ardoises qu'on retrouve également sur les toitures. Dans les plaines du Sud-ardennais, les maisons ressemblent davantage à celles de Champagne : murs de pierres ou de briques, souvent surmontées d'un étage en pans de bois.

Détail d'architecture du Porcien.
Photo W.F./CDT08.

La boucle de Château-Porcien Fiche pratique 18

Ce sentier du Sud-Ouest des Ardennes présente l'avantage de découvrir plusieurs types de paysages caractéristiques de notre département : les plaines crayeuses de la Champagne, et les vallons verdoyants.

❶ Du cimetière, suivre la rue de la Sommevue sur 50 m vers le centre ville et atteindre un petit abri de briques. Emprunter le chemin qui passe derrière l'abri, traverser la rue et continuer tout droit par le sentier qui monte vers l'ancien château. En haut, prendre le chemin goudronné à droite jusqu'au croisement. Tourner à droite, et descendre le long des parcelles de vignes à gauche.

❷ Au bout du chemin des Vignes, tourner à gauche, monter jusqu'à la limite du goudron, puis partir sur le chemin de terre à droite. Passer derrière le lotissement des Cliquots. Emprunter le premier chemin à gauche. Poursuivre jusqu'à l'ancienne briqueterie (grande cheminée) et, au croisement, prendre la route à gauche sur 2 km.

❸ Au carrefour, monter par la route à gauche et arriver près d'une ferme.

❹ Prendre la route à droite. Laisser le premier sentier à gauche et continuer par la route sur quelques mètres. Poursuivre par le chemin de terre en face. Au bout, garder la même direction par le sentier dans le bois communal.

❺ Descendre par le chemin à gauche, puis emprunter la D 926 à gauche jusqu'à la mairie de Château-Porcien.

❻ Franchir le pont et laisser le parking à droite.

❼ Prendre la première rue à droite sur 50 m, la rue à gauche, puis la troisième rue à gauche.

❽ Emprunter la rue de la Morteau à droite.

❾ Prendre la première rue à gauche, longer le bras de l'Aisne, puis l'église et retrouver la rue de la Morteau.

❼ Tourner à droite et franchir à nouveau le pont.

❻ Emprunter la rue de la Sommevue à droite pour rejoindre le parking.

2h40
8 Km
121m / 70m

Situation Château-Porcien, à 10 km à l'Ouest de Rethel par la D 926

🅿 **Parking** cimetière

 Balisage
❶ à ❸ jaune
❸ à ❹ blanc-rouge
❹ à ❻ jaune
❻ à ❼ blanc-rouge
❼ à ❽ jaune
❽ à ❾ blanc-rouge
❾ à ❼ jaune
❻ à ❶ jaune

Ne pas oublier

À voir

En chemin

■ Château-Porcien : butte du château, maison forte de Wignacourt 15e, église Saint-Thibault 16e-18e ■ points de vue sur la vallée de l'Aisne

 **Dans la région**

■ Asfeld : église "étrange" 17e, cimetière allemand 1914-1918 ■ vallée de l'Aisne et canal des Ardennes

Rethel, cité de Mazarin

Un curieux concours de circonstance faillit donner aux Ardennes une capitale appelée Mazarin. Au 16e siècle, Rethel, fondée en 960, domine un immense comté dont la superficie correspond à la moitié du département actuel.

Sentier nature de Rethel. *Photo CG08*

François de Clèves en est le quarante-troisième comte. En 1565, sa fille, Henriette, épouse un prince italien, Louis de Gonzague, dont le fils, Charles, fondera plus tard Charleville. Mais Rethel est à cette époque la plus puissante cité ardennaise avec la principauté de Sedan, qui perd son indépendance en 1642. Vingt ans après, c'est le tour de Rethel. En 1663, Mazarin offre la ville à sa nièce, Hortense de Mancini, en guise de dot. L'illustre cardinal n'exige qu'une chose : que la cité porte son nom. Ce sera le cas jusqu'à la Révolution. Mais pour ses habitants, Rethel restera toujours la cité de Mazarin.

Le sentier nature de Rethel  **Fiche pratique** 19

2 h
6 Km

74m / 72m

Situation Rethel, à 45 km au Sud-Ouest de Charleville-Mézières par la N 51

Parking au chalet du tourisme (près du canal)

Balisage
40 bornes et 10 panneaux

Ce sentier de découverte a été mis en place en 1991 par l'association Nature et Avenir avec le concours des écoles de Rethel. Il longe l'Aisne et le canal des Ardennes et permet d'observer arbres et arbustes.

Gallinule poule-d'eau.
Dessin P. R.

❶ Derrière le chalet du tourisme *(une brochure explicative, fournissant de nombreux renseignements, est disponible au chalet du tourisme ou à la mairie)*, longer l'église des minimes et le collège Sainte Thérèse vers l'Est et passer sous le pont de chemin de fer pour emprunter l'allée des cavaliers. Longer la rive gauche de l'Aisne et atteindre l'écluse de Biermes.

▶ Variante longue *(circuit total de 10 km)* : poursuivre le long de la rive gauche de l'Aisne ; le chemin s'en écarte 500 m avant un pont et rejoint le pont de THUGNY-TRU-GNY sur le canal à droite ; ne pas le franchir, mais longer le bord du canal des Ardennes à droite pour retrouver l'écluse de Biermes.

❷ A l'écluse, tourner deux fois à droite pour longer le canal des Ardennes et revenir au pont de chemin de fer. Rejoindre le chalet du tourisme et le parking.

À voir

 **En chemin**

■ halte fluviale de Rethel
■ cadran solaire près de l'écluse de Biermes
■ héronnière près du château de Thugny-Trugny

Dans la région

■ Rethel : église Saint-Nicolas (portail à trumeau), cimetière militaire ■ Thugny-Trugny : église 1555 (cuve baptismale romane en pierre de Givet, piscine gothique 16e)

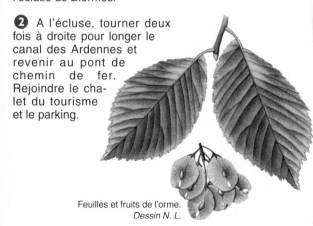

Feuilles et fruits de l'orme.
Dessin N. L.

La chapelle de Masmes

Ce circuit permet de découvrir les villages de Buzancy et de Fossé. Il offre une grande diversité de paysages typiques et conduit à la chapelle de Masmes, point fort de l'itinéraire.

Mésange bleue. *Dessin P. R.*

3 h
11 Km

291m
175m

Situation Buzancy, à 40 km au Sud de Sedan par les D 977, D 24 et D 947

Parking place Général-Chanzy

Balisage blanc-jaune

Difficulté particulière
■ forte montée entre ❺ et ❻

❶ Emprunter la D 947 vers Bar-les-Buzancy, passer devant l'église et tourner à droite. Longer le groupe scolaire Jacques-Prévert et continuer tout droit sur 500 m.

❷ Au château d'eau, prendre le chemin à gauche et poursuivre tout droit sur 3 km. Le chemin monte en pente douce pour atteindre un plateau, puis longe un grand bois situé à gauche avant d'arriver à une intersection.

❸ Prendre le chemin à droite. Il mène à la chapelle de Masmes.

❹ Revenir à l'angle du bois.

❺ Se diriger vers Fossé. Le chemin traverse le bois, puis descend dans le creux d'un vallon avant de remonter vers Fossé. Entrer dans le village en gardant la même direction et passer devant le lavoir. A la sortie de Fossé, continuer par le chemin pierreux qui descend dans une vallée bordée de bois.

❺ Bifurquer à droite, grimper en sous-bois à gauche, atteindre le plateau et arriver à une intersection.

❻ Prendre à gauche, en angle droit, le chemin qui descend en pente douce sur 2 km.

❼ Tourner à gauche, descendre dans le vallon, franchir le ponceau et continuer jusqu'à Buzancy.

À voir

En chemin
■ Buzancy : église 13e-16e, château de la Cour (lions de Coysevox à l'entrée, tombeau du général Chanzy)
■ chapelle de Masmes
■ Fossé : lavoir

Dans la région
■ Authe : église fortifiée 13e-14e ■ parc de Belval ■ forêt domaniale du Mont-Dieu

Les écuries d'Augeard

On ne peut passer par Buzancy sans visiter les vestiges du château Augeard. Mathieu Augeard était fermier général, secrétaire des commandements de Marie-Antoinette. Est-ce pour imiter les splendeurs de Versailles qu'il décida, à l'instar du Roi Soleil, de se faire construire, lui aussi, une demeure digne de ce qu'il pensait être son mérite et son renom ? L'architecte Bellanger fut requis pour édifier, dans un parc de soixante hectares, un château de soixante dix-neuf pièces. Chef-d'œuvre de l'architecture classique, le château avait la forme d'un fer à cheval. Il fut ravagé par un incendie en 1805. Les combats des trois guerres de 1870, 1914 et 1940 se chargèrent de poursuivre sa lente dégradation. Il en reste aujourd'hui les bâtiments communs, dont le pavillon du gardien, une grande pièce d'eau et les écuries récemment restaurées. Elles abritent désormais le musée du cheval ardennais.

Cheval ardennais. *Photo B.B/CDT08.*

Chapelle de Masmes. *Photo CG08.*

Le prieuré de Charlemagne

Située sur le sentier qui porte son nom, en lisière du bois de Folie, la chapelle de Masmes serait le dernier vestige d'un ancien prieuré remontant à Charlemagne. Une légende raconte que l'armée de l'empereur stationnant près de Fossé vint à manquer de vivres quand, frappant la terre de son épée, Charlemagne en fit jaillir une source ainsi qu'une abondante et providentielle nourriture. Son armée fut ainsi sauvée de la soif et de la faim. Pour commémorer cet événement surnaturel,

Charlemagne construisit une vaste église qu'il appela " manne ", en souvenir de la générosité céleste. Ce nom deviendra Masmes. En 1740, cette première église fut détruite et remplacée par une modeste chapelle. Un pèlerinage, interrompu en 1789 avec la Révolution, puis repris en 1892, s'y déroule chaque année le 8 septembre. Les pèlerins viennent y demander la guérison des maladies, dont les coliques. On attribuait autrefois à la Vierge de Masmes la vertu de ressusciter les enfants morts-nés.

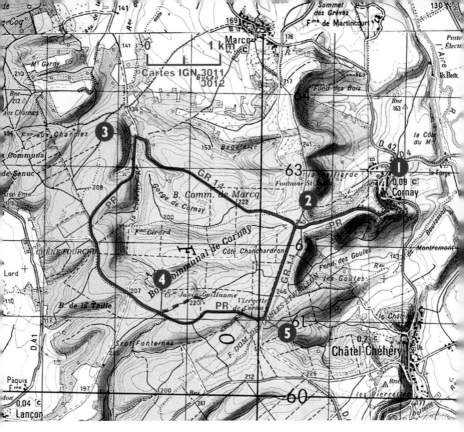

Argonne, terre de mission

L'Argonne reste profondément marquée par le passage des porteurs d'évangile au Moyen-Age. Les moines s'y sont installés et y ont organisé une intense vie économique, agricole et culturelle. Non loin de Cornay, l'abbaye cistercienne de Châtel-Chéhéry, fondée au 12e siècle par les moines de la Chalade, est l'un des témoignages les plus remarquables de la présence monastique en Argonne. Une association se charge aujourd'hui d'y maintenir des activités culturelles. À Cornay même, les moines s'étaient faits forgerons. De nombreuses croix en fer forgé parsèment encore les abords du village dont ils extrayaient et pulvérisaient les " coquins ", ces pierres riches en phosphate, utiles à l'agriculture. Le nom de coquin leur était donné en raison de leur ressemblance avec les testicules du coq !

Abbaye de Châtel-Chéhéry. *Photo CDT08.*

La promenade de Cornay

3h • 12 Km

244m
135m

Situation Cornay, à 30 km au Sud-Est de Vouziers par les D 946, D 342 et D 42

Parking sur la place du village

Balisage
❶ à ❷ blanc-jaune
❷ à ❸ blanc-rouge
❸ à ❺ blanc-jaune
❺ à ❷ blanc-rouge
❷ à ❶ blanc-jaune

Ne pas oublier

Un ravissant petit château Renaissance est bâti en haut d'une butte de glaise. Les coquilles Saint-Jacques, sculptées entre le rez-de-chaussée et le premier étage, ont attiré les Jacquets.

❶ De la mairie, emprunter la petite route vers l'Ouest. Elle grimpe sur le plateau et arrive à l'entrée du bois communal.

❷ Prendre le chemin à droite en oblique (Nord-Ouest). Il traverse le bois de Marcq, puis descend dans un vallon et passe entre deux étangs, alimentés par le ruisseau de la Louvière.

❸ Tourner à gauche et passer entre deux autres étangs. Monter à droite en sous-bois et continuer sur le plateau boisé. Le chemin se dirige au Sud puis au Sud-Est et passe plusieurs croisements avant d'arriver à une intersection.

▶ A gauche, le chemin mène à la croix Juvin-Guillaume.

❹ Continuer tout droit vers l'Est, puis obliquer au Nord-Ouest et passer à la Viergette de Cornay. Poursuivre sur 300 m et arriver à une intersection.

❺ Prendre le chemin à gauche et retrouver l'orée du bois communal.

❷ Par la petite route empruntée à l'aller, redescendre à Cornay.

À voir

 En chemin

■ Cornay : château 16e-19e (coquilles Saint-Jacques), ancienne maison de vigneron 19e, église 13e-20e (stalles 18e) ■ étangs ■ croix Juvin-Guillaume ■ Viergette de Cornay

Dans la région

■ Châtel-Chéhéry : bâtiment 18e (ancienne abbaye cistercienne) ■ Saint-Juvin : église fortifiée 17e
■ Grandpré : château des Ducs de Joyeuse, église Saint-Médard 13e-17e (mausolée de Claude de Joyeuse)

Aubépine épineuse.
Dessin N. L.

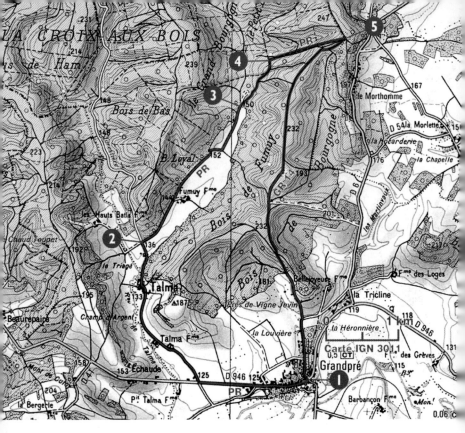

Passage des envahisseurs

Capitale de l'Argonne, Grandpré fut au 12e siècle une puissante place forte et le lieu de trois immenses foires féodales. Se promener autour de la cité, c'est aussi découvrir l'univers particulier de la gaize, cette roche calcaire, gréseuse et poreuse qui constitue l'un des principaux matériaux de construction des maisons d'Argonne. Au cœur du massif, la couche de gaize peut atteindre cent mètres d'épaisseur. La contrée qui se caractérise également par l'abondance de sa forêt (80 000 hectares) se signale par un enchevêtrement de plateaux, de petites crêtes et d'étroites vallées. Ces défilés – la Chalade, les Islettes ou la Croix-aux-Bois - furent le théâtre de mémorables combats en 1792, à la veille de la bataille de Valmy. Au cours des guerres, d'autres armées ennemies empruntèrent ces étroits passages, ce qui valut à l'Argonne son surnom de " Thermopyles de la France ".

En chemin sur l'itinéraire de Fumuy. *Photo CG08.*

La promenade de Fumuy

3h15
13 Km

240m
121m

Situation Grandpré, à 17 km à l'Est de Vouziers par la D 946

Grandpré et le circuit de Fumuy, sont situés en Argonne, une grande lentille de "gaize". Les arbres, et plus particulièrement le chêne et le hêtre, s'y épanouissent en remarquables futaies.

 Parking au centre-ville (croisement des D 6 et D 946)

❶ Prendre la D 946 vers Vouziers sur 1 km. Bifurquer à droite sur la route en direction de Talma. Traverser le hameau et continuer jusqu'au carrefour du début de la route forestière.

Balisage
❶ à ❷ non balisé
❷ à ❺ blanc-jaune
❺ à ❶ blanc-rouge

❷ Prendre le chemin à droite, au pied de la route forestière *(construite pour l'évacuation du bois, elle traverse du Sud au Nord la forêt domaniale de la Croix-aux-Bois)*. Laisser le chemin qui descend à droite vers la ferme de Fumuy et continuer jusqu'à l'orée de la forêt.

 Difficulté particulière

■ passages marécageux entre ❹ et ❺

❸ S'engager sur le sentier à droite qui se faufile en sous-bois *(chênes, hêtres, bouleaux, charmes)* et croiser les nombreux circuits de l'O.N.F *(bien suivre le balisage)* dans la forêt domaniale.

❹ Grimper à droite en sous-bois par un chemin de débardage encaissé dans la très marécageuse glaise. Déboucher sur une aire de stockage de bois, à une intersection.

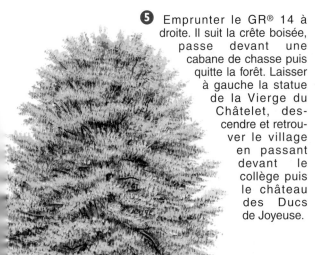

❺ Emprunter le GR® 14 à droite. Il suit la crête boisée, passe devant une cabane de chasse puis quitte la forêt. Laisser à gauche la statue de la Vierge du Châtelet, descendre et retrouver le village en passant devant le collège puis le château des Ducs de Joyeuse.

Hêtre. *Dessin N. L.*

À voir

 En chemin

■ Grandpré : château des Ducs de Joyeuse, église Saint-Médard 13e-17e (mausolée de Claude de Joyeuse) ■ forêt domaniale de la Croix-aux-Bois ■ Vierge du Châtelet

 Dans la région

■ Saint-Juvin : église fortifiée 17e ■ Verpel : église fortifiée 16e

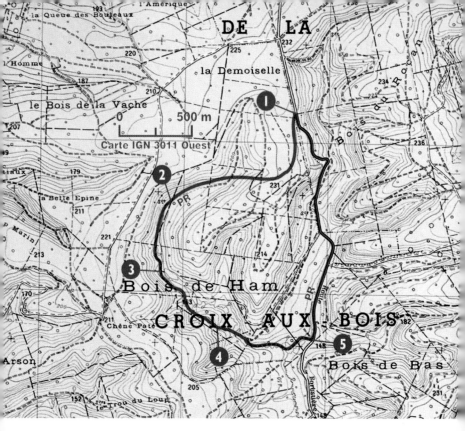

Une chouette hulotte

Dans le bois de Ham. *Photo CG08.*

L'étang de la Demoiselle, en référence aux libellules qui y pullulent, est situé au cœur de la forêt domaniale de la Croix-aux-Bois, plantée d'une étonnante variété d'essences : chênes, hêtres, trembles, aulnes, châtaigniers... À la fin du 19e siècle, l'Argonne fut même la capitale de l'osiériculture française. Quelques artisans vanniers vivent encore de cette activité. La vocation forestière de la contrée a motivé la création du centre d'initiation à la nature de Boult-aux-Bois. Tout au long de l'année, le CIN organise des stages et des séjours de découverte de la faune et de la flore argonnaise. C'est également à Boult-aux-Bois que s'est installée, en 1970, une revue naturaliste de référence, *La Hulotte*, animée par le dessinateur Pierre Déom. La revue est tirée à 150 000 exemplaires !

Le sentier du bois de Ham

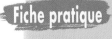

Ce sentier situé en forêt domaniale de la Croix-aux-Bois vous emmènera découvrir des sources naturelles et l'étang de la Demoiselle dans la fraîcheur du sous-bois.

Chevrette.
Dessin P. R.

❶ De la petite clairière, suivre le sentier de découverte de l'Etang-de-la-Demoiselle qui part dans l'axe du chemin d'accès à la clairière. Il se dirige tout droit sur 300 m, puis tourne à droite et dévale la pente boisée avant de descendre le long du creux d'un petit vallon.

▶ A droite, accès à une petite source.

❷ Continuer par le sentier de découverte et descendre par un chemin qui longe un petit ruisseau en contrebas. Arriver à l'étang de la Demoiselle *(alimenté par la source naturelle située plus haut ; aire de pique-nique avec abri).*

❸ Franchir le petit pont de bois, longer l'étang et atteindre l'abri en bois. Là, prendre le sentier VTT qui monte. Au bout de quelques mètres, redescendre en utilisant le sentier de gauche et suivre le petit ruisseau en restant sur la hauteur.

❹ Après un court passage dans les fourrés, le sentier descend, traverse un tout petit ruisseau, puis remonte pour atteindre le sous-bois. Suivre le sentier VTT sur 500 m, puis déboucher sur une piste forestière. La prendre à droite pour rejoindre la route.

❺ Monter par la route à gauche et atteindre une aire de pique-nique *(accès à une source naturelle très prisée des habitants de la région).* Continuer par la route et retrouver la clairière du départ.

---

2 h
4,5 Km

231m
145m

Situation forêt domaniale de la Croix-aux-Bois, à 13 km à l'Est de Vouziers par les D 946, D 947 et la route touristique vers Grandpré (route des Forêts-Lacs-et-Abbayes)

Parking dans une clairière accessible par un chemin à droite (point de départ du circuit et d'un sentier sportif), après 3 km par la route touristique

 Balisage jaune-blanc

 Difficulté particulière

■ dénivelés

À voir

En chemin

■ forêt domaniale de la Croix-aux-Bois ■ étang de la Demoiselle ■ sources

Dans la région

■ Boult-aux-Bois : C.E.R.F.E. (Centre d'Etude et de Recherche et de Formation à l'Eco-ethnologie) et CIN ■ Savigny-sur-Aisne : église 16e, cimetière ■ Falaise : croix d'Arcq (mémorial des combats de 1918), église 15e

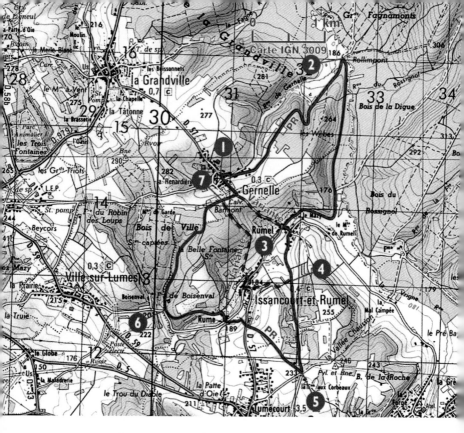

Au pays des trois royaumes

É difiées au 5e siècle par les moines de Saint-Médard, les trois communes de Gernelle, Issancourt et Rumel étaient au, 18e siècle, au cœur de l'Europe. Issancourt appartenait au royaume de France, Gernelle et Rumel à l'Empire d'Autriche. Ces deux communes furent récupérées par la France, le 18 novembre 1779, après la convention des limites territoriales passée entre Marie-Louise d'Autriche et Louis XVI. Le 28 mai suivant, les habitants des deux villages furent rassemblés sur la place de Gernelle pour prêter serment de fidélité au roi de France. En 1820, Issancourt et Rumel fusionnèrent. Dix ans plus tard, la Belgique acquit son indépendance des Pays-Bas et marqua sa frontière avec la France par un fossé, encore visible de nos jours, entre Gernelle et Rumel.

Vue sur la forêt de Gernelle. Photo CG08.

La boucle des Trois-Royaumes

La boucle des Trois-Royaumes a le souci de répondre aux attentes du marcheur, du débutant au confirmé. C'est pourquoi nous vous proposons trois options sur la carte : petit, moyen, et grand circuit.

3h15
13 Km

272m
176m

Situation Gernelle, à 10 km à l'Est de Charleville-Mézières par la D 979 et la route de Gernelle

Parking au centre du village (chemin des Wèbes)

Balisage jaune-blanc avec une pastille noire

❶ Face au panneau d'information des sentiers, derrière l'école, prendre à droite le chemin goudronné qui se dirige vers l'Est puis le Nord-Est, traverse un bois puis descend dans la vallée de la Vrigne avant d'arriver à la maison forte de Rollipont.

❷ Prendre le chemin à droite (Sud) en sous-bois le long de la vallée de la Vrigne. Il tourne à droite en lisière et gagne Rumel.

▶ Variante *(circuit de 7 km)* : emprunter la D 57 à droite pour regagner Gernelle *(balisage pastille verte)*.

❸ Tourner à gauche, passer devant l'école et, au carrefour, emprunter la voie à droite sur 500 m. Arriver à une intersection.

▶ Variante *(circuit de 10 km)* : monter par le chemin à droite, longer le bois à droite, puis tourner à gauche et descendre à Issancourt ; traverser la route et s'élever en face ; à la bifurcation, aller à droite et passer en lisière du bois avant d'atteindre une intersection *(repère* ❼ *; balisage pastille bleue)*.

❹ Continuer tout droit et déboucher sur la route venant de Vivier-au-Court.

❺ Ne pas suivre la route, mais partir en angle aigu à droite sur le chemin qui passe une petite éminence, coupe la D 57 et descend à Rume. Traverser la route, poursuivre tout droit sur 50 m, puis s'engager sur le chemin à gauche en direction de Boisenval. Il s'élève, longe un bois puis descend en sous-bois et atteint une route.

❻ Au carrefour, prendre le chemin qui remonte le vallon de la Belle-Fontaine à droite, débouche sur le plateau, puis redescend et gagne une intersection.

❼ Continuer tout droit et longer le cimetière. Emprunter la D 57 à gauche pour retrouver Gernelle.

À voir

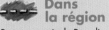
En chemin

■ point de vue sur Gernelle et Issancourt ■ Issancourt : église Saint-Rémi 18e ■ Rume : château féodal 11e-17e

Dans la région

■ Rume : marais du Paradis (classé ZNIEFF) ■ Saint-Laurent : maison de la Chasse et de la Nature

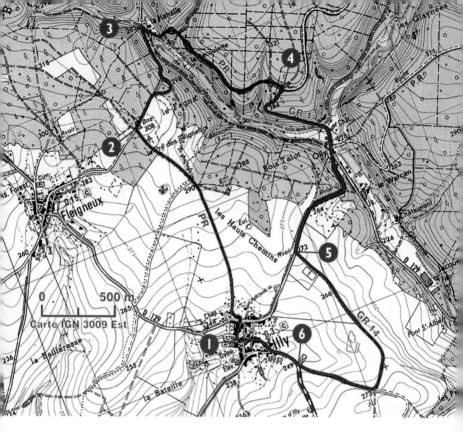

Les chemins des contrebandiers

Voici le cœur de la " Sylva Arduinna ", la forêt profonde évoquée par Jules César dans sa Guerre des Gaules. Près d'Illy, le bois Talot fut le refuge des Trévires et des Éburons, deux tribus gauloises qui donnèrent beaucoup de fil à retordre à l'illustre conquérant romain. Autre époque, autre guerre. C'est aussi autour d'Illy que l'artillerie prussienne fit subir, en 1870, à l'armée française une de ses pires humiliations. Dans les écoles militaires, ce désastre fut longtemps évoqué comme " un Verdun avant l'heure ". Jusqu'en 1950, les chemins forestiers qui parcourent la contrée furent également parmi les préférés des contrebandiers qui rapportaient de Belgique tabac, chocolat et café vert. En 1900, les 140 kilomètres de frontières ardennaises, qui séparent la France de la Belgique, comptaient près d'un bureau de douanes tous les trois kilomètres !

Un chemin sur l'itinéraire du bois Talot. *Photo CG08.*

Le sentier du bois Talot

2h20
7 Km

308m
228m

Roitelet huppé.
Dessin P. R.

 Parking de l'église

 Balisage

❶ à ❹ blanc-jaune
❹ à ❻ blanc-rouge
❻ à ❶ blanc-jaune

Ne pas oublier

Cette randonnée traverse la forêt d'Ardenne. Le château d'Olly et une maison forte restaurée et habitée donnent un relief historique à cette promenade.

❶ Du monument aux morts d'Illy, partir en direction de Fleigneux sur 50 m. Juste avant le temple, emprunter le chemin qui monte à droite. Passer un croisement et continuer tout droit sur 600 m.

❷ A la seconde intersection, prendre le chemin qui descend à droite jusqu'à un fortin (1940) et arriver dans le vallon de la Hatrelle.

❸ Juste après les panneaux ONF, monter à droite pour suivre l'ancienne voie ferrée du Bouillonnais, qui surplombe la vallée de la Hatrelle *(point de vue intéressant sur la vallée encaissée)*. Continuer jusqu'à l'intersection du Fer-à-Cheval.

❹ Descendre par le chemin à droite vers le château d'Olly *(siège d'une ancienne filature)* et vers un fortin *(restauré et habité)*. Arriver au bout de la D 129 et emprunter le chemin qui monte à droite de la route.

❺ Au niveau du château d'eau, tourner à gauche le long de l'entreprise Bestel. Le chemin s'incurve à droite et atteint un croisement. Virer à droite et continuer jusqu'à la ferme.

▶ Par la route à gauche, possibilité de se rendre au calvaire d'Illy *(croix Margueritte érigée en souvenir du sacrifice de cette division de chasseurs d'Afrique en 1870)* situé à 300 m.

❻ Prendre la route à droite et retrouver le centre du village.

 **À voir**

En chemin

■ Illy : église 19e, monument de la bataille de 1870
■ ancienne voie ferrée
■ Olly : château et maison forte ■ calvaire d'Illy ou croix Margueritte (mémorial des chasseurs d'Afrique)

Dans la région

■ base de loisirs de Givonne
■ Sedan : château-fort, château-bas 17e, ancienne manufacture du Dijonval 18e, quartier du Ménil (maisons 17e-18e), église Saint-Charles 16e-17e

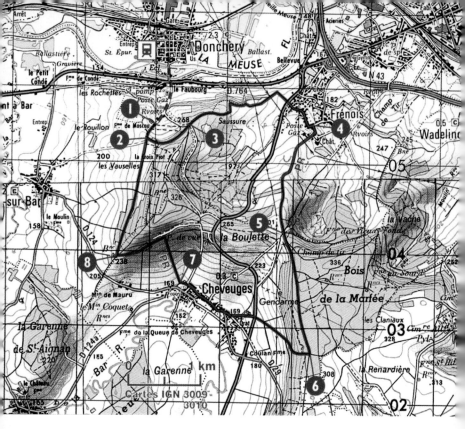

Panoramiques du Sedanais

Du haut de ses 316 mètres, le mont Piot fait partie du prolongement des côtes de Moselle, constituées de calcaire oolithique. Ses sentiers balisés réservent de superbes vues panoramiques sur les vallées de la Meuse et de la Bar. Au Sud, une vallée argileuse se déploie jusqu'au château de Rocan (16e siècle) et l'abbaye du Mont-Dieu, fondée au 12e siècle. Au Nord, la Meuse serpente au milieu du couloir ardennais, appelé également dépression liasique où, à l'ère tertiaire, la rivière creusa son lit, de même que la Chiers et la Sormonne.

Considéré comme la clé du royaume depuis le 9e siècle, le prieuré de Donchery fut souvent incendié et ravagé par les guerres. Il n'en reste aujourd'hui que les fortifications et l'église Saint-Onésime à la splendide nef gothique.

Eglise de Cheveuges. *Photo CG08.*

Le sentier de la croix Piot

Ce circuit sillonne la colline et réserve aux randonneurs de vastes vues panoramiques sur les vallées de la Meuse et de la Bar.

▶ Il est possible de se rendre à la ferme de Moscou en partant de l'église de Donchery *(voir tracé en tirets sur la carte ; 3 km aller-retour en plus).*

❶ De la ferme de Moscou, grimper par le chemin abrupt et caillouteux jusqu'à la table d'orientation.

❷ Prendre le premier chemin à gauche, passer à la chapelle Saint-Onésine et continuer dans le bois.

❸ Croiser la route forestière et poursuivre tout droit par le chemin en face, en mauvais état, qui traverse une peupleraie et une clairière. Contourner une pâture, puis couper la D 977 et entrer en face dans Frénois *(pays des frênes).* Descendre jusqu'à une place.

❹ Après le virage à gauche et avant le ruisseau, tourner deux fois à droite. Passer la ferme *(château de Frénois visible sur la gauche)* et continuer par le chemin caillouteux et escarpé qui monte sur la crête. Longer le bois jusqu'au pylône et atteindre le lieu-dit Tue-Chevaux *(301 m ; l'avion de l'adjudant Carrier fut abattu à cet endroit, le 14 mai 1940 ; monument).*

❺ Cheminer le long du bois par le sentier avec des ornières. En vue, à droite, d'un second pylône, continuer tout droit vers le Sud dans le bois de la Marfée. Gagner un croisement.

❻ Descendre par le chemin à droite, couper la D 977 et traverser le village de Cheveuges. Passer entre l'école Alice-Warinet et l'église romane et gagner la fontaine du Vivier.

❼ Juste après, monter par le chemin à droite, prendre la première à gauche face au chalet et passer en lisière du bois.

❽ Prendre le deuxième chemin à droite dans le bois. A la sortie du bois, laisser le chemin qui descend vers Villers-sur-Bar et continuer tout droit vers le Nord. Passer près d'une table de pique-nique sous des cerisiers, puis retrouver la table d'orientation.

❷ Redescendre à la ferme de Moscou.

---

3 h • 12 Km 326m / 169m

Situation Donchery, à 6 km à l'Ouest de Sedan par la D764

Parking de la ferme de Moscou, à 800 m au Sud de la D764

Balisage blanc-jaune

Difficulté particulière
■ montée abrupte entre ❶ et ❷ puis entre ❹ et ❺

À voir

En chemin
■ table d'orientation
■ chapelle Saint-Onésine
■ château de Frénois
■ Cheveuges : église romane 12e

Dans la région
■ Sedan : château-fort, château-bas 17e, ancienne manufacture du Dijonval 18e, quartier du Ménil (maisons 17e-18e), église Saint-Charles 16e-17e
■ Donchery : église 12e-16e

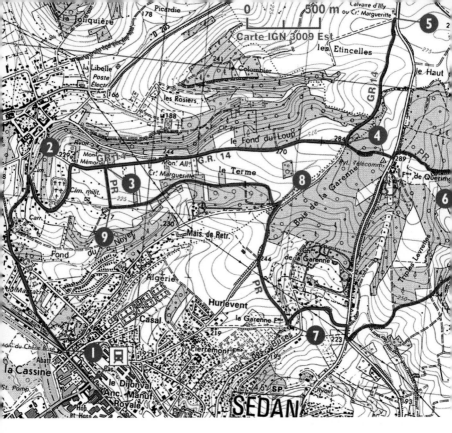

Ah, les braves gens !

C'est l'épisode le plus glorieux de la guerre de 1870. Le 31 août, l'artillerie prussienne pilonne les troupes françaises regroupées à Illy. Pour briser l'encerclement, le général Margueritte lance, à 11 heures, une première charge de cavalerie qui atteint le ruisseau de Floing. Mais les pertes contraignent les Français à refluer vers La Garenne, au lieu-dit " Triples Levrettes ". Les Prussiens tentent alors de gravir les pentes du plateau tenu par la division Liebert. Pour le protéger, cinq régiments de la division Margueritte, 1er chasseurs d'Afrique en tête, chargent. Le général est mortellement blessé. À 15 heures, tout est fini. Les pertes françaises sont considérables. Spectateur admiratif de l'héroïsme français, Guillaume de Prusse s'exclame : " Ah, les braves gens ! ". Un monument commémoratif qui porte ce nom a été érigé à Floing.

Stèle commémorative
du 94e Régiment.
Photo CG08.

La marche de la division Margueritte

3 h 30
13,5 Km

289m
150m

Le sacrifice des chasseurs d'Afrique de la division Margueritte a forcé l'admiration de Guillaume Ier, par cette expression " Ah ! les braves gens ". Partez sur leurs traces !

Situation Sedan, à 22 km à l'Est de Charleville-Mézières par l'A 203

 Parking du Chêne-Brisé, par la D 5 en direction de Floing

 Balisage
❶ à ❺ blanc-rouge
❹ à ❽ blanc-jaune

❶ Se rendre au calvaire et prendre le sentier qui monte derrière le monument. Longer un mur de clôture à gauche et traverser le lotissement. Emprunter la rue qui descend à gauche sur 300 m. Se diriger à droite sur quelques mètres, puis grimper par le sentier à gauche du square d'Aywalle et déboucher sur une route au-dessus de Floing.

❷ Emprunter la route à droite, passer près d'un cimetière militaire, puis continuer à monter pour longer le cimetière 39-45 et atteindre le monument des Braves Gens. Prendre le chemin à droite et arriver à une intersection.

❸ Continuer tout droit, passer près d'un monument édifié par les soldats de la Weimar et poursuivre la montée.

❹ A l'orée du bois de la Garenne, à côté d'un gros chêne, prendre le sentier à gauche qui mène au calvaire d'Illy.

❺ Revenir au gros chêne.

❹ Tourner à gauche, traverser le bois de la Garenne et prendre la route à gauche sur 20 m. Emprunter le sentier à droite qui descend dans le bois de la Linette, sur 600 m.

❻ Bifurquer à droite, descendre le vallon du Fond-de-Remilly, puis monter à droite vers le plateau des Triples-Levrettes. En haut, tourner à gauche puis à droite au milieu des cultures maraîchères du fond de Givonne. Prendre la route à droite sur 50 m, puis la route à gauche. Dans le virage à gauche, laisser la route et continuer tout droit sur 50 m.

❼ Emprunter à droite le chemin qui monte sur le plateau de Hurlevent. Laisser la route à gauche et poursuivre vers le Nord.

❽ Prendre la voie à gauche sur 30 m, puis partir à droite sur le sentier caillouteux en lisière du bois. Virer à gauche toujours en lisière, puis traverser plusieurs bosquets et arriver au tombeau du capitaine de Varaignes.

❾ 500 m avant le cimetière militaire, tourner à droite.

❸ Par l'itinéraire suivi à l'aller, regagner le parking.

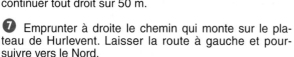 **À voir**

 **En chemin**

■ cimetières militaires
■ monuments ■ calvaire d'Illy ou croix Margueritte (mémorial des chasseurs d'Afrique)

Dans la région

■ Sedan : château-fort, château-bas 17e, ancienne manufacture du Dijonval 18e, quartier du Ménil (maisons 17e-18e), église Saint-Charles 16e-17e
■ base de loisirs de Givonne

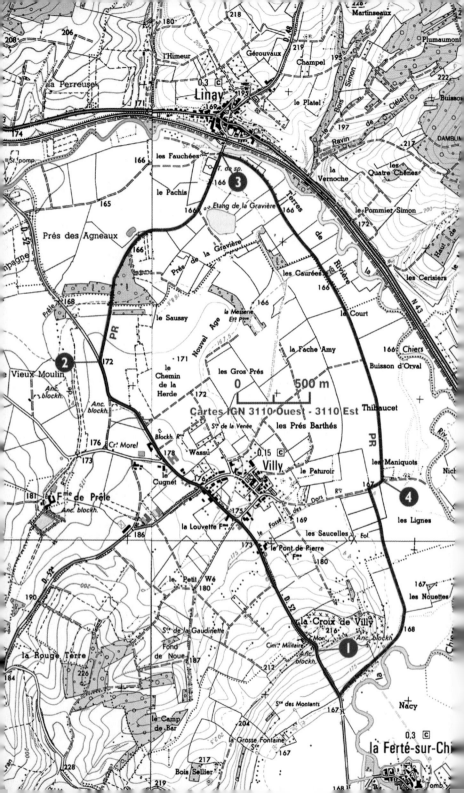

Le chemin du pays d'Yvois 28

3 h
9 Km

212m
166m

Situation Villy-la-Ferté, à 20 km à l'Est de Sedan par les N 43 et D 52

C'est au cœur du pays d'Yvois que passait autrefois la voie romaine Reims - Trèves. Cet axe sera fréquenté par la suite par les premiers évangélisateurs chrétiens, dont saint Walfroy.

Parking du fort, à 1 km au Sud-Est du village par la D 52

Balisage
jaune

❶ Du parking, emprunter la D 52 à droite, gagner le mémorial et continuer par la route. Au carrefour avec la D 52a, dans Villy, poursuivre par la D 52 en direction de Blagny sur 1 km.

Difficulté particulière

■ prudence sur la D 52 entre ❶ et ❷ puis à la fin du circuit

❷ Partir sur le chemin de terre à droite en direction de Linay. Passer le terrain de football.

❸ Juste avant le pont, tourner à droite pour emprunter le chemin qui longe la Chiers. Laisser un premier chemin à droite, poursuivre dans la vallée et arriver à un carrefour en T.

À voir

Butome en ombelle.
Dessin N.L.

En chemin

■ fort de la ligne Maginot (mémorial, cimetière militaire et table d'orientation) ■ vallée de la Chiers (faune et flore remarquables)

❹ Se diriger à droite sur 100 m, puis tourner à gauche et retrouver la Chiers au pied de la butte fortifiée. Monter par la D 52 à droite sur 400 m et retrouver le parking.

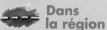

Dans la région

■ Margut : musée de Mai 1940 ■ Saint-Walfroy : ermitage, table d'orientation ■ Herbeuval : ancienne maison du Charron (exposition d'art contemporain) ■ Carignan : anciennes fortifications 17e, collégiale de style espagnol 13e-17e

Râle des genêts.
Dessin P. R.

Le dernier fort

Les villages de Villy et de la Ferté, aujourd'hui réunis, sont inséparables des combats qui s'y déroulèrent lors de l'offensive allemande de mai 1940. Le 13, l'armée ennemie est à Sedan, le 14 à Carignan. Le lendemain, les Français

Cloche GFM du bloc n° 2 de Villy. *Photo L.D./CCTC.*

se replient sur une ligne de défense située entre le village de Villy, l'ouvrage de La Ferté, Malandry et Inor, dans la Meuse. Pour la première fois, les Allemands sont au contact de la ligne Maginot. Ils concentrent d'importants moyens d'artillerie pour réduire le fort de La Ferté. La garnison de Villy tiendra trois jours.

Le 18 mai, après un pilonnage méthodique, les pionniers allemands font sauter les créneaux de tir des cloches blindées, culbutent la tourelle et neutralisent l'édifice. Cent quatre soldats français périrent asphyxiés. Ce fut la dernière bataille livrée sur la ligne Maginot. Aujourd'hui, il est possible de visiter (tous les jours sauf le lundi en juillet et août) les vestiges de l'ouvrage de La Ferté. Une plongée impressionnante, à trente-cinq mètres sous terre !

Vue sur la vallée de la Chiers et le mont St-Walfroy, au-dessus du bloc n° 1 de Villy. *Photo L.D./CCTC.*

Le refuge des oiseaux rares

E ntre La Ferté-sur-Chiers et Remilly-Aillicourt, près de Sedan, la vallée de la Chiers est l'une des 530 zones naturelles d'intérêt écologique, floristique et faunistique (ZNIEFF) de Champagne-Ardenne. Cette classification permet d'accorder un intérêt particulier et de mieux protéger un patrimoine naturel réputé exceptionnel. C'est en effet le cas de la végétation aquatique et des boisements alluviaux qui abondent dans les prairies inondables et aux abords des innombrables noues et bras morts de la Chiers. L'absence d'épandage régulier d'engrais chimiques a favorisé ici la prolifération d'une flore rare et variée : pédiculaires et stellaires des marais, butomes en ombelle, berles à feuilles larges, grandes douves (une espèce protégée) ou patiences d'eau...

Les prairies inondables offrent également un refuge idéal pour quelques espèces rares d'oiseaux aquatiques, en voie de régression partout ailleurs dans les Ardennes, tel le vanneau huppé. Plus rares encore : le râle des genêts, nommé localement le roi des cailles, le courlis cendré et la bécassine des marais.

Bécassine des marais.
Dessin P. R.

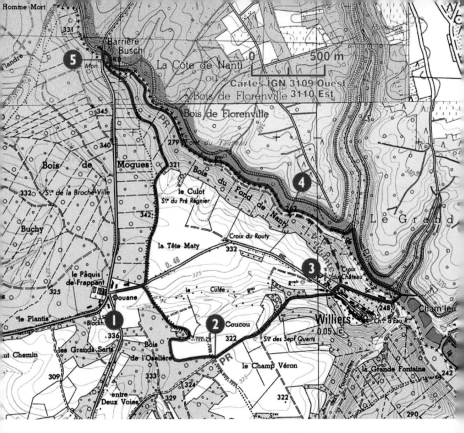

Randonnées sans frontière

A ucune région ardennaise ne sait mieux que le pays d'Yvois ce que le mot " frontière " signifie. Au hasard des invasions et des conquêtes, la contrée fut tour à tour gauloise, romaine, germanique, luxembourgeoise, bourguignonne, autrichienne, espagnole. Les chemins de la frontière parcourent un territoire compris entre deux limites historiques. L'une, entre Chiers et Meuse, traversait une zone depuis longtemps disputée entre les puissances du Nord et celles du Sud. La seconde date de 1639 lorsque Louis XIII fit reporter plus au Nord la frontière des Pays-Bas (alors sous domination espagnole). Bien que Français, le pays d'Yvois continua de dépendre du diocèse de Trèves jusqu'à la Révolution. La frontière sépare la France de la Belgique depuis 1830.

Site gallo-romain de Chameleux. *Photo L.D./CCTC.*

Le chemin des Frontières

2h15 • 6,5 Km

342m 248m

Situation Le Pâquis-de-Frappant (commune de Mogues), à 30 km à l'Est de Sedan par les N 43 et D 981

Parking pavillon d'accueil du Territoire du Sanglier

Balisage
- ❶ à ❹ pointillés violet-vert
- ❹ à ❺ trait violet
- ❺ à ❶ pointillés violet-vert

⚠ **Difficulté particulière**
- traversée du fond de Nanty entre ❹ et ❺

À voir

En chemin
- pavillon d'accueil du Territoire du Sanglier
- Williers : village pittoresque, église 18e, site gallo-romain de Chameleux ■ bois du Fond-de-Nanty ■ monument du Maquis du Banel

Dans la région
- Carignan : anciennes fortifications 17e, collégiale de style espagnol 13e-17e
- Auflance : musée agricole Herbeuval : ancienne maison du Charron (exposition d'art contemporain) ■ Matton-Clémency : arboretum

Nous sommes à la lisière de l'Ardenne, la forêt profonde. Ici l'arbre est le maître, ici vous accueille le sanglier. Allez la découvrir le long de la frontière franco-belge !

❶ Partir en direction de Williers par la D 48, puis prendre le premier chemin à droite. Il longe le bois. Au bout, tourner à droite pour rester en lisière.

❷ A la sortie du bois, continuer tout droit et descendre à Williers. Emprunter la route à gauche sur quelques mètres, puis, au stop, descendre par la route à droite sur 50 m.

Pic noir.
Dessin P. R.

▶ Variante : juste après le chalet, descendre par le chemin à gauche dans le vallon. En bas, tourner à droite et franchir le ruisseau. Atteindre une intersection.

❸ Rejoindre le site gallo-romain de Chameleux, site archéologique situé au fond du vallon. Prendre la route à droite du site, marcher sur environ 500 m et tourner à gauche pour emprunter un chemin en sous-bois.

❹ Longer tout droit le vallon jusqu'au fond de Nanty et déboucher sur la route. La prendre à gauche sur 100 m.

❺ Après la glissière de sécurité, s'engager à gauche sur le chemin qui descend dans le bois puis continuer. A la sortie du bois, longer la lisière à droite, puis emprunter la D 48 à droite pour retrouver le parking.

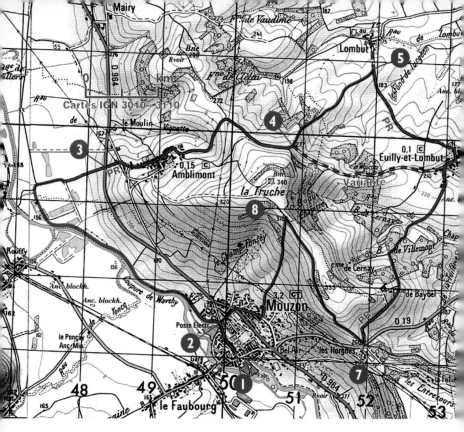

Hadrien, Charlemagne, Guillaume...

De Carignan à Mouzon, en passant par Douzy, les souverains spirituels ou temporels n'ont cessé, pendant 2000 ans, de fouler les chemins d'Yvois. Cinq empereurs sont passés par là : les Romains (Jules César et Hadrien notamment), les Carolingiens dont Charlemagne qui se fit construire un palais à Douzy, les Germaniques dont Othon le Grand, fondateur du Saint-Empire romain germanique, le Français Napoléon III en 1870, les Allemands Guillaume 1er la même année, et son fils Guillaume II, en 14-18.

Les rois ne furent pas en reste : Robert le Pieux, Henri 1er, Philippe Auguste, Louis XIII et Louis XIV pour qui le Mouzonnais était " le plus bel endroit du royaume ". Enfin, trois papes séjournèrent en Yvois : le pape de l'An Mil, Sylvestre II, Calixte II en 1119 et Eugène III en 1148.

L'abbaye de Mouzon. *Photo L.D./CCTC.*

Le chemin des Souverains

5h45
19 Km

318m
155m

Ne soyez pas intimidés, mais le sol que vous foulez l'a été autrefois par des souverains, princes et papes. Pour n'en citer qu'un : Charlemagne était un habitué des lieux.

❶ Passer devant les jardins de l'Abbaye, la salle des fêtes et la poste, puis franchir les deux ponts du canal.

❷ Emprunter à gauche le chemin de halage sur 3,5 km, prendre le sentier à droite en direction d'Amblimont, puis tourner à droite et continuer en longeant l'étang situé à droite.

❸ Couper la D 964 *(prudence)* et monter par la route en face. Prendre la deuxième route à droite pour entrer dans Amblimont. Traverser tout droit le village, passer devant le lavoir et poursuivre par la route qui s'élève et contourne par l'Ouest et le Nord la butte de la Truche. Laisser le chemin qui s'élève vers la butte à droite et continuer sur 50 m.

▶ Variante courte (17 km) : à l'intersection, partir à droite et gagner la fontaine d'Euilly (repère **❻**).

❹ A l'intersection, descendre à gauche par le chemin de terre en direction de Lombut, puis bifurquer à droite en gardant la même direction. Arriver à un croisement.

▶ Pour voir le château de Lombut, se diriger à gauche sur 500 m.

❺ Tourner à droite en direction d'Euilly. Passer devant l'église puis, dans Euilly, virer à droite et gagner la fontaine.

❻ Bifurquer à gauche en direction de Mouzon. Le chemin franchit le vallon du Chapitre, monte dans le bois de Villemont, passe près de la ferme de Baybel et débouche sur la D 19 aux Horgnes.

❼ Ne pas prendre la route, mais monter par le chemin en angle aigu à droite. Il s'élève vers la butte de la Truche.

❽ Peu avant le sommet de la butte, descendre à gauche en angle aigu et gagner les faubourgs de Mouzon. A La Fourberie, emprunter la route à droite. Traverser la D 964 *(prudence)* et descendre en face vers la Meuse.

❷ Franchir les deux ponts et retrouver la mairie.

Situation Mouzon, à 18 km au Sud-Est de Sedan par les N 43 et D 964

 Parking de la mairie

Balisage
❶ à ❸ trait bleu
❸ à ❹ trait bleu puis pointillés bleu-orange
❹ à ❺ pointillés bleu-jaune
❺ à ❻ pointillés bleu-rouge
❻ à ❶ trait bleu

 Difficultés particulières
■ traversée dangereuse de la D 964 en ❸ puis entre ❽ et ❶ ■ passage humide entre ❻ et ❼

À voir

En chemin
■ Mouzon : église abbatiale 13e-15e, ancien monastère 17e et jardins à la française, chapelle Sainte-Geneviève 15e, porte de Bourgogne 14e-15e (musée), musée du Feutre, site gallo-romain des Flaviers
■ Lombut : château 14e-15e remanié 17e (tours rondes)
■ Euilly : église 18e-20e
■ ferme de Baybel

 **Dans la région**
■ Douzy : musée des Débuts de l'Aviation, base de loisirs (baignade) ■ Beaumont-en-Argonne : village pittoresque, église 12e, maison en pierre à arcades de caractère ardennais

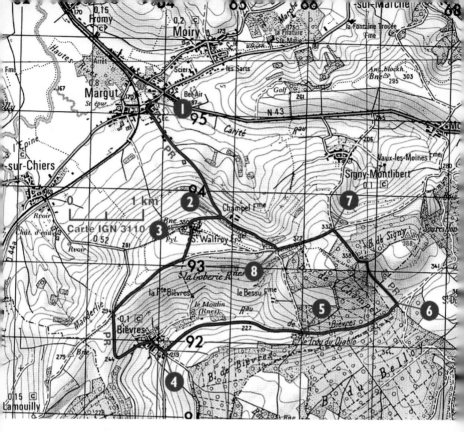

Walfroy défie Arduina

Empruntée par les invasions, la grande voie romaine, qui reliait Reims à Trèves et traversait le pays d'Yvois, le fut également par les évangélisateurs chrétiens. Après saint Martin au 4e siècle, un diacre Lombard, saint Walfroy, s'arrête à Margut vers 565. Du haut de sa colonne, il défie les divinités païennes dont la déesse Arduina qui donnera son nom aux Ardennes. Walfroy fut le seul moine stylite d'Occident. Depuis 1400, les pèlerins viennent chaque année procession-ner devant l'ermitage qui lui est dédié sur la " sainte montagne ", une colline de 370 mètres qui domine Margut. D'autres moines s'installè-rent dans la région. En 1070, des bénédictins fondirent l'abbaye d'Orval (Belgique) et, à Avioth (Meuse), fut construite aux 13e et 15e siècles la basilique Notre-Dame, joyau de l'art gothique flamboyant.

L'ermitage de Saint-Walfroy. *Photo L.D./CCTC.*

Le chemin des Abbayes

3 h 15
13,5 Km

358m
172m

Situation Margut, à 31 km à l'Est de Sedan par la N 43

 Parking place Trouslard (poste)

Balisage
- **1** à **3** circuit n°10 orange
- **3** à **6** circuit n°11 orange
- **6** à **7** circuit n°13 orange
- **7** à **1** circuit n°10 orange

Tout comme vous, les évangélisateurs étaient de grands marcheurs. Ainsi, c'est en 565 que saint Walfroy s'établit près de Margut pour évangéliser les païens.

1 Face à la poste, se diriger à droite sur 30 m, puis prendre la route à gauche qui monte en direction de l'ermitage Saint-Walfroy.

2 Au niveau de la ferme Champel, grimper par la route à droite (chemin de croix des Grottes) et arriver à l'ermitage Saint-Walfroy *(point de vue sur Margut, la vallée de la Chiers et le pays d'Yvois)*.

3 Passer devant l'église et poursuivre par le chemin tout droit. Laisser le chemin de terre à gauche et prendre la route à droite. Au carrefour du Poteau, emprunter la D 52 à gauche pour descendre à Bièvres.

Milan royal.
Dessin P. R.

4 Au niveau du lavoir, prendre la route à gauche en direction de la ferme de Bossus et continuer tout droit.

5 En entrant dans le bois Champel, poursuivre par le chemin empierré tout droit.

6 Au Trou-du-Diable, après le bois, tourner à gauche et monter par le chemin de terre qui longe une haie et un champ. Entrer dans le bois de Signy et poursuivre tout droit.

7 Au lieu-dit des Quatre-Chemins, virer à gauche.

8 Au croisement, prendre le chemin de terre à droite pour rejoindre la ferme Champel.

2 Descendre par la route pour regagner Margut.

À voir

En chemin

■ Margut : musée de Mai 1940 ■ chemin de croix des Grottes ■ ermitage Saint-Walfroy : chapelle Notre-Dame-de- Prompt-Secours, point de vue, abri du Pèlerin ■ Bièvres : lavoir

Dans la région

■ La Ferté-sur-Chiers : jardins de Cocagne ■ Carignan : anciennes fortifications 17e, collégiale de style espagnol 13e-17e ■ Herbeuval : ancienne maison du Charron (exposition d'art contemporain) ■ Sapogne-sur-Marche : château de Tassigny 16e

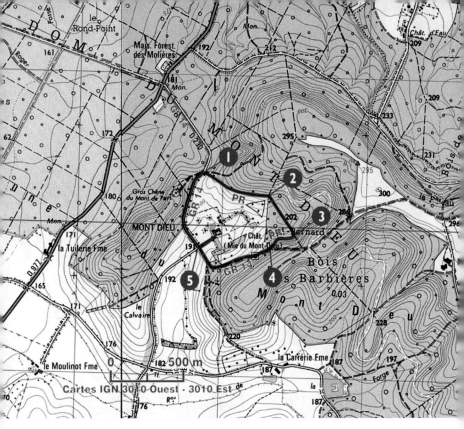

Splendeurs du Mont-Dieu

Ancienne chartreuse du Mont-Dieu. *Photo L.D./CCTC.*

La chartreuse du Mont-Dieu est l'une des plus anciennes de France. Fondée en 1130, une première chartreuse fut ravagée par les Guerres de Religions. En 1616, Dom Etienne d'Auvergne entreprend d'édifier un nouvel ensemble de grande envergure : 26 petites maisons destinées aux moines, des pavillons, une église, une bibliothèque, le tout dans le style Louis XIII (briques et pierres ocre jaune) qui caractérise la place ducale de Charleville. Déclarée bien national à la Révolution, la chartreuse fut privée de son patrimoine (manuscrits, orfèvreries, meubles) avant de devenir une prison. Un manufacturier sedanais la racheta, avant de la revendre, en 1820, aux ancêtres du propriétaire actuel. Des bâtiments initiaux, il reste trois pavillons, des douves, un corps de logis. Le Mont-Dieu est classé monument historique depuis 1946.

La boucle des Chartreux

Si vous souhaitez vous retirer pour méditer, ne cherchez plus, l'endroit est tout trouvé... C'est celui qu'avaient choisi les chartreux pour s'établir pendant près de six siècles.

❶ Au parking, s'engager sur le chemin qui longe la lisière de la forêt *(panorama sur la chartreuse)*.

❷ A l'angle des parcelles 101 et 97, prendre à droite le sentier qui descend légèrement en sous-bois. Franchir la zone humide sur caillebotis.

❸ Dès le début de la montée, emprunter à droite le sentier qui suit la courbe de niveau.

❹ Continuer sur le GR® 14 et passer près de la source de Saint-Bernard *(canalisations à ciel ouvert construites en pierre par les chartreux)*. Poursuivre *(point de vue sur la chartreuse)* jusqu'à l'entrée de l'abbaye.

❺ Emprunter la D 230 tout droit sur 800 m.

▶ Pour voir le Gros chêne (ou chêne de Montpy), franchir le fossé de la route et monter en forêt sur 200 m.

Rejoindre le parking.

Faucon hobereau.
Dessin P. R.

40 mn
2 Km

201m
191m

Situation Chartreuse du Mont-Dieu, à 20 km au Sud de Sedan par les D 977 et D 230

 Parking aire de pique-nique de la forêt du Mont-Dieu

Balisage
❶ à ❹ jaune
❹ à ❶ blanc-rouge

 **À voir**

👁🦅 **En chemin**

■ points de vue sur la chartreuse ■ source de Saint-Bernard ■ vestiges de la chartreuse 17e (ne se visite pas) ■ Gros chêne (arbre plus que tricentenaire)

Dans la région

■ point de vue de la route forestière de la Chartreuse-Stonne : mémorial et circuit historique de la bataille de Stonne (1940) ■ Bulson : village pittoresque, église 12e ■ Chémery-sur-Bar : église romane 12e, halle 19e

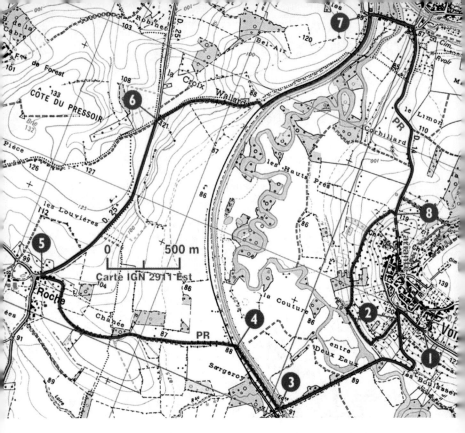

Chemins des poètes

Trois hautes figures de la littérature française ont écrit dans le Sud des Ardennes des œuvres majeures. La mère d'Arthur Rimbaud, Vitalie Cuif, vivait à Roche. Enfant, " l'homme aux semelles de vent " passa ici quelques semaines de vacances. Il y revint en 1873, à l'âge de 19 ans, pour écrire les pages fulgurantes d'*Une Saison en Enfer*. La légende dit que c'est auprès du lavoir de Roche qu'il composa les vers du *Bateau Ivre*.

À six kilomètres de là, à Coulommes, se trouve la ferme de Malval où vécut, en 1884, Paul Verlaine, alors professeur d'anglais, à Rethel. Il y écrivit les poèmes du recueil Amour. À Attigny enfin, naquit, en 1900, le chantre de l'Ardenne champenoise, André Dhôtel. L'auteur du *Pays où l'on n'arrive jamais* (prix Fémina 1955) est mort, à Paris, en 1991.

Arthur Rimbaud.
Photo W.F./CDT08.

La vallée des Poètes

Courlis cendré. *Dessin P. R.*

**3 h
10 Km**

130m / 87m

Situation Voncq, à 10 km au Nord de Vouziers par les D 946, D 977 et D 14

Parking au panorama

Balisage jaune

Difficultés particulières

■ circuit déconseillé en période très pluvieuse
■ traversée de la voie ferrée en ❹ puis entre ❻ et ❼

Ne pas oublier

À voir

En chemin

■ Voncq : table d'orientation
■ vallée de l'Aisne et canal des Ardennes ■ Roche : lavoir ayant inspiré Rimbaud, exposition Rimbaud ■ Semuy : église romane 12e, musée de la Bataille de mai-juin 1940

Dans la région

■ Attigny : village natal d'André Dhôtel, dôme de Charlemagne, église 15e-16e-17e, gare du train touristique de la vallée de l'Aisne (kiosque d'information touristique)
■ Neuville-Day : château-donjon de Day 13e

Venez découvrir les charmes naturels de la vallée de l'Aisne, sur les pas d'Arthur Rimbaud et André Dhôtel…

❶ Depuis la table d'orientation, descendre par la petite rue à droite (Ouest), jusqu'au lavoir. Puis tourner à gauche et descendre par la D 23 sur quelques mètres.

❷ Laisser le chemin à droite et continuer à descendre en lacets par la D 23. Elle franchit l'Aisne et sa vallée alluviale sur une digue, puis enjambe le canal.

❸ Juste après, au niveau de l'écluse, emprunter le chemin de halage à droite sur 500 m.

❹ Traverser à gauche la voie ferrée au passage à niveau *(prudence)*, puis monter par un chemin de terre bordé de haies et de prairies jusqu'au village de Roche.

❺ A l'entrée de Roche, prendre la rue en angle aigu à droite et continuer par la D 25A en direction de Rilly-sur-Aisne sur 1 km *(point de vue sur la vallée de l'Aisne et le village de Voncq)*.

❻ Descendre par le chemin de terre à droite, entre un champ et une haie, en direction de Semuy. Traverser de nouveau la voie ferrée *(prudence)*, puis un fossé. Tourner à gauche et suivre le chemin de halage qui se faufile entre la voie ferrée et le canal.

❼ Franchir le pont sur le canal, puis celui qui enjambe l'Aisne et gagner à droite l'église de Semuy *(aire de pique-nique)*. Continuer par la D 14 jusqu'à l'entrée de Voncq.

▶ Variante conseillée par temps humide : poursuivre par la D 14 à travers le village pour regagner la table d'orientation.

❽ Prendre le chemin de terre à droite, juste avant la première ferme. Il descend au milieu d'anciens vergers jusqu'au pied du coteau, puis longe à gauche la vallée. 200 m avant la route, grimper à gauche vers le lavoir.

❷ Rejoindre la table d'orientation.

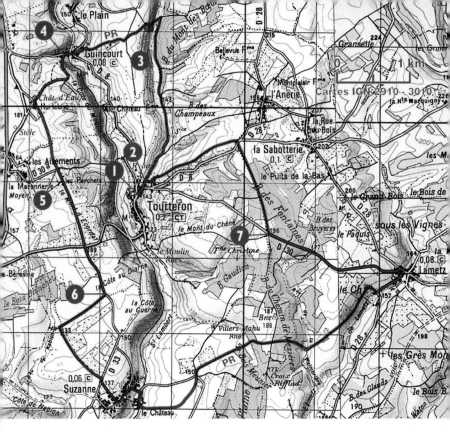

La pomme dans ses beaux quartiers

Entre Champagne crayeuse et vallonnements des crêtes pré-ardennaises, le Tourteronnais est le verger des Ardennes. Au 15e siècle déjà, Tourteron cultive un penchant prononcé pour les pommes. Les halles de la commune, remarquablement conservées, en témoignent. La contrée attendit les années cinquante pour relancer cette culture. On doit cette renaissance à Raymond Lenoble. Aujourd'hui, une dizaine d'exploitations produisent, sur près de 200 hectares répartis sur Tourteron, Écordal, Suzanne et Saint-Loup

Pommes du tourteronnais. *Photo M.M./CDT08.*

Terrier quelque 5 000 tonnes de fruits, majoritairement des pommes (une quinzaine d'espèces dont les golden, les melrose et les jonagold) et des poires conférence. Cette production anecdotique représente globalement 0,30 % de la production nationale.

Les Vergers du Tourteronnais Fiche pratique 34

Avec ses collines, ses vaches et ses vergers, le Tourteronnais ressemble à une petite Normandie...

❶ Suivre le circuit du Brandevinier. Emprunter la ruelle piétonne à droite de l'église. Au carrefour, descendre à gauche en direction de La Sabotterie. Dans le virage, au calvaire, prendre la petite rue à gauche.

❷ A la fourche, suivre le chemin tout droit vers Guincourt. Rester à gauche aux deux fourches suivantes. Au carrefour du Mont-des-Bœufs, prendre la petite route à gauche.

❸ Peu avant le sommet, bifurquer à gauche sur le chemin qui passe au milieu d'anciens vergers et gagne l'église de Guincourt. Franchir le pont et remonter la rue principale.

❹ Avant la dernière maison, s'engager sur le chemin à gauche. Il conduit à Hurtebise. Là, prendre le chemin à gauche et gagner le carrefour des Perchets.

❺ Suivre le circuit des Vergers en direction de Suzanne, empruntant tout droit la D 30a. Couper la D 30 et suivre la D 33 sur 500 m.

❻ S'engager sur le deuxième chemin à droite. Au bout, tourner à gauche. Couper la D 33, descendre par la rue en face (décalée à droite) et gagner à gauche l'église de Suzanne. Continuer à descendre par la rue de l'Eglise. Franchir le pont à droite, puis suivre la rue à droite. Au bout, face au château, monter à gauche par le chemin de terre. Traverser la route, emprunter le chemin à gauche sur quelques mètres, puis le chemin à droite. Aller tout droit, enjamber le ruisseau sur un petit pont de bois et garder la même direction jusqu'au château de Lametz. Prendre la D 28 à gauche et gagner le centre du village. Au carrefour, se diriger à gauche sur 50 m, puis bifurquer à gauche sur la D 30 en direction de Tourteron.

❼ Juste après la sortie du bois, s'engager sur le chemin à droite. Au carrefour de la Vierge, traverser la route et, aux panneaux, prendre le chemin à gauche. Il descend à travers champs jusqu'à Tourteron. Emprunter la première rue à droite.

❽ Regagner l'église.

5 h
19,5 Km
197m
108m

Situation Tourteron, à 24 km au Nord de Vouziers par les D 983, D 987 et D 30

 Parking place de l'Eglise

 Balisage
❶ à ❺ bleu
❺ à ❶ orange

⚠ **Difficulté particulière**

■ déconseillé en période de chasse au bois

À voir

En chemin

■ Tourteron : église de style gothique flamboyant 16e, halle aux fruits 15e, lavoir ■ vergers traditionnels et modernes ■ Suzanne : vente de fruits en direct en plusieurs endroits du village, château 15e-17e ■ Lametz : château-manoir 17e

 **Dans la région**

■ Chesnois-Auboncourt : halle aux fruits 15e
■ Ecordal : moulin à couleurs
■ Saint-Loup-Terrier : rucher-école, église 12e-15e

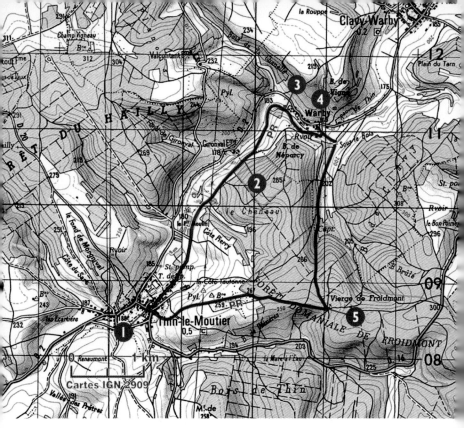

Une place forte mérovingienne

Baptisé à Reims, le roi des Francs n'en a pas moins laissé un souvenir fort à Thin-le-Moutier. La légende assure que Clovis et ses hommes venaient chasser le sanglier sous les ombrages de la grande forêt domaniale de Froidmont. Sa conver-sion au Christianisme est racontée sur les tableaux qui ornent encore l'église de Thin.

À la fin du 10e siècle, c'est aussi du prieuré de Thin-le-Moutier que des moines bénédictins partirent pour fonder l'abbaye de Mouzon. À la Révolution, les vestiges du prieuré furent rache-tés par un Ardennais célèbre, Jean-Nicolas Pâche, alors ministre de la guerre. Épargné par la Terreur, Pâche se retira dans sa maison natale de Thin. C'est sur son emplacement que les élus locaux ont édifié l'actuelle école du village.

Point de vue du sentier des bois de Néparcy. *Photo CG08.*

Les Bois de Néparcy

3 h
9,5 Km   270m / 169m

Cigogne noire. Dessin P. R.

Venez découvrir la vallée du Thin et la forêt domaniale de Froidmont sur les traces de Clovis et Jean-Nicolas Pâche.

❶ Contourner la mairie par la gauche et monter par la ruelle qui passe devant la maison Pâche. Traverser la cour de ferme *(grange équipée en mur d'escalade)*, puis tourner dans la rue à gauche et sortir du village. Passer devant le lavoir de la Fontaine-de-l'Epinette et longer le marais. Continuer tout droit par le chemin goudronné le long de nombreux étangs creusés dans le marais. Atteindre une intersection *(pancarte)*.

▶ Par le sentier herbeux à gauche, possibilité de gagner la ferme-auberge de Gironval *(menu ardennais copieux et bon marché)*.

❷ Poursuivre par le chemin empierré et longer le ruisseau du Thin jusqu'au hameau de Warby.

❸ Traverser la cour de ferme et s'engager à droite sur le sentier herbeux. Continuer à gauche par le chemin qui surplombe Warby et atteindre une intersection.

❹ Emprunter le chemin à droite. Passer sous le pont de l'ancienne voie ferrée et poursuivre par le chemin qui remonte le vallon. Longer le champ de captage d'eau potable de la ville de Charleville-Mézières et monter par le même chemin dans la forêt. Traverser une route forestière et continuer tout droit en lisière d'une pessière. Gagner l'oratoire de la Vierge-de-Froidmont *(bancs)*.

❺ Tourner à droite en direction de Thin-le-Moutier. A l'orée de la forêt, prendre le chemin de terre qui longe une pâture à gauche. Continuer par le chemin empierré qui descend. Passer le calvaire *(aire de pique-nique)* et poursuivre tout droit. Par la rue des Chiens, rejoindre la place de la Mairie.

Situation Thin-le-Moutier, à 23 km à l'Ouest de Charleville-Mézières par les E 44, D 3, D 34 et D 16

 Parking sur la place de la Mairie

 Balisage
vert

⚠ **Difficulté particulière**

■ déconseillé en période de chasse au bois

 **À voir**

En chemin

■ Thin-le-Moutier : église 13e remaniée après la guerre de 70, maison Pâche (maison fortifiée avec échauguette)
■ vallée du Thin ■ ferme-auberge de Gironval ■ forêt domaniale de Froidmont : oratoire Notre-Dame-de-Froidmont

 Dans la région

■ Signy-l'Abbaye : forêt domaniale (site Natura 2000), gouffres et résurgences
■ Launois-sur-Vence : ancien relais de poste à chevaux 17e, église gothique 13e fortifiée 16e-17e (cuve baptismale 12e)
■ Clavy-Warby : château 17e

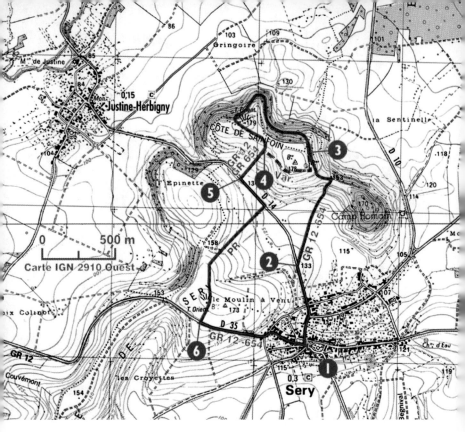

Un souvenir de Gargantua

Est-ce en vertu de leur modeste altitude (173 mètres) que les monts de Sery constituaient, à l'époque celtique, un lieu de culte solaire ? Certains veulent le croire. Le mystère les a souvent entourés. La légende ne raconte-t-elle pas qu'ils furent formés au passage de Gargantua ? Avant lui, les Romains préférèrent y édifier un camp dont l'emplacement est encore visible à travers les levées de terre qui entourent le village. Par temps favorable, il est possible d'y apercevoir les tours lointaines de la cathédrale de Reims. Autrefois livrés aux pâturages des moutons et aux cultures en terrasses, les monts de Sery présentent surtout un remarquable intérêt botanique en raison de l'abondance des savarts où poussent, dès le mois de mai, des espèces rares d'orchidées.

Paysage des crêtes préardennaises.
Photo M.M./CDT08.

Les Monts de Sery

Montez à l'assaut des monts de Sery et vous apercevrez, par temps clair, la cathédrale de Reims et celle de Laon. Mais attention, n'écrasez pas les orchidées qui poussent sur le sentier !

2 h
5 Km

179m
122m

Situation Sery, à 10 km au Nord de Rethel par les D 946 et D 10

Parking sur la place du village

Balisage
❶ à ❺ blanc-rouge
❺ à ❻ rose
❻ à ❶ blanc-rouge

Difficultés particulières

■ pentes et escaliers assez raides ■ ne pas cueillir les fleurs (espèces protégées)

❶ Descendre par la D 14 en direction de Justine et passer devant le lavoir *(panneau sur l'histoire du village de Sery et des monts, aire de pique-nique)*. Continuer par la route sur 300 m.

❷ Au vieux poirier, partir sur le chemin de terre à droite et grimper sur la butte. En haut, virer à gauche et atteindre le château d'eau.

Orchis pyramidal.
Dessin N. L.

Ne pas oublier

❸ Suivre à droite le sentier botanique. Il serpente entre bosquets et pelouses à orchidées *(ne pas cueillir les fleurs)*. Arriver au sommet de la côte de Sainfoin *(table d'orientation, banc ; vue panoramique sur la vallée de la Vaux et les crêtes Préardennaises)*. Poursuivre par le chemin.

▶ Variante *(circuit complet de 4,5 km)* : continuer par le chemin qui fait le tour de la butte et rejoint le château d'eau ; par l'itinéraire suivi à l'aller, regagner Sery.

❹ Descendre à droite.

❺ Suivre la D 14 à gauche sur 250 m en direction de Sery, puis prendre le premier chemin à droite en direction du mont du Moulin. Il grimpe jusqu'à une seconde table d'orientation *(vue panoramique sur la vallée de l'Aisne et la Champagne crayeuse)*. Continuer jusqu'à la D 35.

❻ L'emprunter à gauche, retrouver Sery et poursuivre tout droit jusqu'à la place aux Marronniers.

À voir

En chemin

■ Sery : maisons et granges traditionnelles du Porcien
■ monts de Sery : tables d'orientation, papillons et orchidées typiques des pelouses calcaires

Dans la région

■ Wasigny : halle 15e et château 16e-17e-18e
■ Mesmont : château de la famille de Romance (écuries 17e), église (portail 13e)

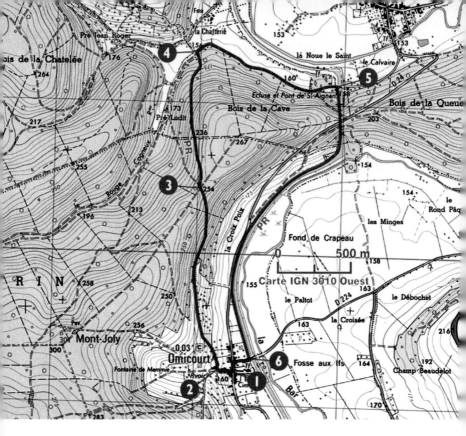

Le canal, son tunnel, ses écluses

À l'écart de Saint-Aignan, le tunnel abrite, sur quelque deux cents mètres, le cours du canal des Ardennes depuis plus d'un siècle et demi. Le canal lui-même a été achevé en 1835. Il réunit la Seine au Rhin, par la Meuse et l'Aisne. Son origine est située à Pont-à-Bar, en aval du confluent de la Bar qui l'alimente. Pour compenser la différence de niveau qui le sépare de la Meuse, pas moins de trente-trois écluses jalonnent son parcours : sept à la hauteur du Chesne et surtout, vingt-six, à Montgon, peu avant Semuy, où le canal rejoint l'Aisne. Il devient ensuite un canal latéral de l'Aisne et quitte les Ardennes près de Neufchâtel (Aisne), au terme d'un trajet de 96 kilomètres. Après les Ardennes, il se prolonge jusqu'à Condé-sur-Aisne.

Canal de Saint-Aignan. *Photo B.B./CDT08.*

Le tunnel Saint-Aignan

2 h
6 Km

254m / 150m

Situation Omicourt, à 13 km au Sud-Ouest de Sedan par les D 977 et D 224

Parking de la mairie

Balisage rose

Difficulté particulière

■ déconseillé en période de chasse au bois

Ne pas oublier

Vanneau huppé. *Dessin P. R.*

Entre la forêt de Mazarin et la vallée de la Bar, découvrez le secret du canal des Ardennes pour éviter les détours…

❶ Emprunter la rue principale (D 24) en direction de Malmy, puis monter par la première rue à droite vers le lavoir, sur 150 m.

❷ Tourner dans la rue à droite et poursuivre la montée par le chemin herbeux. Le chemin continue en lisière *(point de vue sur la vallée de la Bar)*, puis entre dans la forêt. Prendre le chemin empierré qui s'élève à gauche en sous-bois.

❸ Au sommet, traverser la route forestière, puis suivre le sentier qui part en face légèrement sur la droite. Descendre à travers la futaie puis le taillis *(point de vue sur la vallée du Rouge-Cogneux et la ferme de Beauregard sur le coteau en face)*.

❹ Au pied de la colline, tourner à droite et suivre le chemin en lisière de la forêt jusqu'à l'écluse automatique de Saint-Aignan.

❺ Juste après la maison éclusière, tourner à droite et longer le canal. Passer dans le tunnel et continuer par le chemin de halage jusqu'au pont d'Omicourt.

❻ Monter par la rue à droite et retrouver la mairie.

À voir

En chemin

■ Omicourt : église fortifiée d'origine 12e transformée ■ points de vue sur la vallée de la Bar et du Rouge-Cogneux ■ écluse et tunnel de Saint-Aignan

Dans la région

■ Vendresse : haut-fourneau 16e-19e, église fortifiée, pisciculture, arboretum ■ La Cassine : ruines du château des Gonzague 16e-19e (incendié en 1940), ancien couvent des Cordeliers 16e ■ Chéhéry : château de Rocan 16e

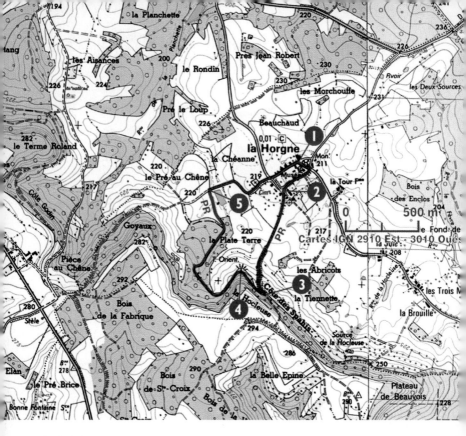

La charge héroïque

La Horgne est le théâtre du plus haut fait d'armes de la résistance française en mai 1940. Le 13 mai, la Wehrmacht, commandée par le général Guderian, pénètre à Sedan et s'engouffre dans une brèche de huit kilomètres, entre les 9e et 2e armées françaises. Autour de La Horgne, la 3e brigade de spahis a la mission de résister coûte que coûte. Elle est composée du 2e régiment de spahis algériens du Colonel Burnol et du 2e régiment de spahis marocains du Colonel Geoffroy. Le 15 au matin, les blindés de la 1ère Panzer Division se heurtent à l'opposition farouche des spahis qui chargent à cheval et sabre au clair. Vaine résistance. À 17 heures, tout est fini. La 3e brigade a perdu ses 700 hommes. En 1950, un mémorial a été érigé en leur honneur par les " Burnous ", une association d'anciens spahis.

Eglise de La Horgne. *Photo CG08.*

Le sentier des Spahis

Site d'une terrible bataille en mai 1940, le village de La Horgne, lové au cœur des Crêtes Préardennaises, offre aujourd'hui des paysages verdoyants et vallonnés.

Ficaires. Dessin N. L.

1 h
3 Km

250m
211m

Situation La Horgne, à 23 km au Sud de Charleville-Mézières par les A 34, N 51, D 27 et D 28

P **Parking** sur la place de l'Eglise

 Balisage bleu

⚠ **Difficulté particulière**

■ déconseillé en période de chasse au bois

❶ Depuis le tilleul bicentenaire, suivre la rue principale qui descend le long de l'église, puis tourner à droite, en direction de la table d'orientation, et monter par la rue bordée de maisons neuves.

❷ Au carrefour, s'engager sur le chemin qui part, en oblique, sur la gauche, entre deux fermes anciennes. Passer l'aire de pique-nique et continuer à monter jusqu'à l'orée du bois.

❸ Quitter le chemin principal pour emprunter, à droite, la sente qui grimpe en lisière jusqu'à la table d'orientation *(panorama)*.

❹ Poursuivre par le sentier qui descend en sous-bois sur 1 km, puis longer le ruisseau et l'étang.

❺ Au carrefour du Pré-au-Chêne, tourner à droite après la mare, et emprunter le chemin empierré qui conduit au cimetière abritant le carré militaire. Au carrefour, à l'entrée du village, continuer tout droit pour retrouver la place de l'Eglise et le musée des Spahis.

Pic épeiche.
Dessin P. R.

À voir

 En chemin

■ La Horgne : église 17e, musée des Spahis ■ table d'orientation ■ cimetière (carré militaire)

Dans la région

■ Omont : site historique de l'Eperon (pierre tombale du Seigneur 15e, traces du château-fort), mont Damion ■ golf des Poursaudes (18 trous) ■ Baâlons : église 12e-15e (portail roman)
■ Hagnicourt : château d'Harzillemont 16e, église (portail roman)

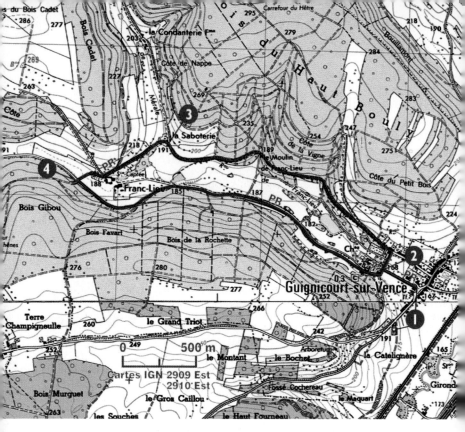

Jean Rogissart, chantre de l'Ardenne

L'existence des paysans de Guignicourt-sur-Vence a inspiré à l'un des plus célèbres romanciers ardennais, Jean Rogissart, le roman *Mervale* qui obtint le prix Renaudot en 1937. Le nom même du livre est inspiré de la contrée qui entoure le bourg, appelée vallée Mérale. Né à Braux (aujourd'hui rattachée à Bogny-sur-Meuse) en 1894, Jean Rogissart était instituteur. Profondément attaché aux Ardennes, qu'il ne quitta que quelques mois pendant la débâcle de 1940, Rogissart s'est fait le chantre des travailleurs de la vallée de la Meuse. Son œuvre majeure, *Les Mamert*, raconte en sept volumes l'histoire d'une famille ardennaise aux 19e et 20e siècles. Poète et journaliste, Jean Rogissart est également l'auteur de *Colline* et du roman *Le Fer et la forêt* qui passe pour son livre le plus abouti.

Les fêtes paysannes d'Evigny. *Photo C.L./CDT08.*

Le sentier de la vallée Mérale

A proximité de Charleville-Mézières, venez goûter au calme et à la beauté du paysage de cette vallée qui inspira, dit-on, Jean Rogissart pour l'écriture de son roman Mervale (prix Renaudot, 1937).

1 Emprunter la grande allée de tilleuls pour atteindre le château.

2 Prendre la rue qui monte à droite, puis suivre la première rue à gauche et continuer par la petite route qui longe la propriété du château *(vue sur le parc et le fond de vallée, avec ses étangs bordés de prairies humides).*

3 Au carrefour de la Saboterie, emprunter le chemin empierré qui monte à gauche et poursuivre jusqu'à la ferme de Franc-Lieu. Ne pas entrer dans la cour de ferme, mais continuer par le chemin goudronné en face.

4 Tourner à gauche et suivre la route en lisière de forêt, en direction de Guignicourt-sur-Vence. Continuer par la route *(vue sur le ruisseau de Franc-Lieu et les communs du château)* jusqu'au château et prendre la rue à gauche.

2 Par la grande allée de tilleuls, rejoindre la place de l'Eglise.

Héron cendré.
Dessin P. R.

1 h 50
5,5 Km
200m
167m

Situation Guignicourt-sur-Vence, à 14 km au Sud-Ouest de Charleville-Mézières par les A 34 et D 28

Parking sur la place de l'Eglise

Balisage bleu

Difficulté particulière

▪ prudence sur les routes peu fréquentées

À voir

En chemin

▪ Guignicourt-sur-Vence : grande allée de tilleuls, château 18e avec parc et fontaines ▪ vallée de Franc-Lieu ▪ vallée de Mérale

Dans la région

▪ Champigneul-sur-Vence : maison du Laboureur
▪ Evigny : écomusée de la Vie paysanne, église 15e
▪ Fagnon : ancienne abbaye des Sept-Fontaines 12e-20e, golf ▪ Gruyères : château de Landru 14e-19e

Le paradis des trilobites

Il y a 385 millions d'années, une mer peu profonde recouvrait la région des deux Vireux (Molhain et Wallerand), dix kilomètres avant Givet. Le fond de cette mer était constitué d'un mélange d'argile et de sable, dans lequel de nombreux organismes vivants se retrouvèrent enfouis. Voilà qui explique la présence à Vireux-Molhain d'une faune fossile (dont des trilobites) remarquable dans sa profusion, sa diversité et son état de conservation. Ce gisement fossilifère est plus connu sous le nom de " mur des douaniers " à cause de sa situation près d'un ancien poste de douane franco-belge. Ces fossiles sont

Camp romain à Vireux. *Photo CG08.*

visibles dans le talus, de deux cents mètres, qui longe la route de Vireux à Couvin. Leur découverte a été déterminante dans la connaissance de la géologie de l'Ardenne primaire.

Le circuit du Viroquois

2h40
8 Km

216m /\
112m /\

Le château de Vireux-Wallerand, la maison Espagnole, le camp romain, les points de vue sur la vallée de la Meuse, sont autant d'attraits qui vous feront apprécier ce circuit.

Situation Vireux-Molhain, à 45 km au Nord de Charleville-Mézières par les D 88, D 988 et N 51

 Parking office de tourisme (avenue Roger Posty)

 Balisage
❶ à ❹ bleu
❹ à ❶ jaune

❶ Franchir le premier passage à niveau et prendre la route en direction du terrain de football. Au niveau du stade, continuer tout droit.

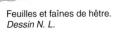
Feuilles et faînes de hêtre.
Dessin N. L.

❷ Ne pas franchir le pont, mais emprunter la route qui longe un bras du Viroin à droite et passer le pont de pierre. Poursuivre, puis prendre la D 47 à gauche jusqu'à la réserve naturelle.

❸ S'engager sur le chemin de terre à gauche, puis franchir la passerelle à gauche et atteindre un carrefour.

❷ Prendre à droite la rue Gambetta. Continuer par la rue Tiers et la rue Carnot.

❹ Tourner à droite dans la rue du Gué, puis bifurquer sur la route à gauche.

❺ Partir à droite, franchir le pont qui enjambe le Deluve et longer la vallée jusqu'à l'aire de pique-nique.

❻ Tourner à gauche, passer le pont et continuer en direction du camp romain. Monter dans le bois, emprunter la route à gauche sur 50 m, puis se diriger à droite sur quelques mètres.

❼ S'élever à gauche par la crête boisée et accéder au camp romain *(vestiges remarquables)*.

❽ Revenir au pied de la crête.

❼ Descendre à gauche. Continuer à descendre par la rue de l'Egalité, poursuivre par la rue de la Strée puis l'avenue Roger-Posty et rejoindre l'office de tourisme.

À voir

 **En chemin**

■ Vireux- Molhain : maisons anciennes, collégiale de Molhain (crypte 11e, Mise au Tombeau 15e, dalles funéraires 13e-15e) ■ réserve naturelle ■ vestiges du camp romain

Dans la région

■ Hierges : village pittoresque (unité d'architecture), ruines du château 16e, église 16e ■ vallée de la Meuse

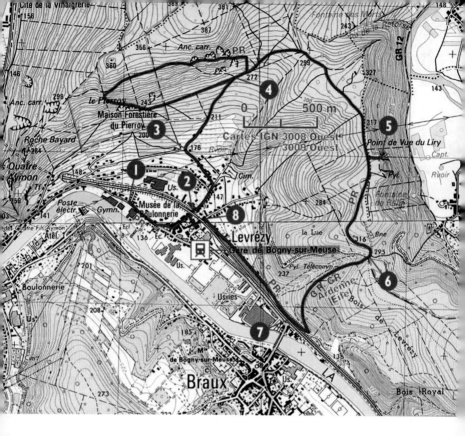

Au pays des boulonneries

Les clouteries et les boulonneries des vallées de la Meuse, de la Semoy ou de la Goutelle furent longtemps parmi les plus réputées de France. À la fin du 19e siècle, les Ardennes leur doivent une partie de leur développement économique. D'artisanale, la fabrication de clous est peu à peu devenue industrielle, mais, comme autrefois, les " clôteux " ont continué d'appeler leurs usines des boutiques. En 1900, la " grosse boutique " de Château-Regnault, aujourd'hui rattachée à Bogny-sur-Meuse, employait 1 200 ouvriers et produisait 25 000 boulons par jour. Au cours du 20e siècle, les héritiers de quelques artisans cloutiers sont devenus des capitaines d'industrie de renommée internationale. Parmi eux, les Thomé de Nouzonville. De nombreuses entreprises métallurgiques (forge, estampage, boulonnerie, fonderie) ont proliféré jusqu'aux années 60.

La platale des Quatre Fils Aymon.
Photo V.A./CDT08.

La promenade du Liry

3 h 30
10 Km

317m
136m

Une roche monumentale en dents de scie domine la Meuse. Ses quatres pointes évoquent la silhouette de quatre cavaliers de légende chevauchant Bayart, leur merveilleux cheval.

Situation Bogny-sur-Meuse, à 15 km au Nord de Charleville-Mézières par la D 1

Parking musée de la Métallurgie (quartier de Levrézy)

Feuilles, fleur et fruit du bouleau verruqueux.
Dessin N. L.

❶ De l'office de tourisme, prendre la D 1 à droite (Sud-Est) sur 300 m. Place André-Compain, tourner à gauche et suivre les rues André-Compain puis Ambroise-Croizat. Passer sous la voûte du chemin de fer.

Balisage
❶ à ❻ blanc-jaune
❻ à ❼ blanc-rouge
❼ à ❶ blanc-jaune

❷ Continuer tout droit jusqu'à la pancarte de la résidence Marcadet, puis partir à gauche en direction de la résidence.

Difficultés particulières

❸ Monter à droite, puis s'élever dans la forêt et atteindre un panneau d'informations.

■ pentes délicates entre ❸ et ❹ puis entre ❻ et ❼

❹ Suivre le sentier-nature à gauche *(panneaux explicatifs sur les affleurements, les arbres et les points de vue)*. Il effectue un large lacet en montant dans la forêt, puis redescend sous d'anciennes carrières et revient au panneau d'informations.

❹ Emprunter l'itinéraire n°3 de Bogny/Meuse en direction du site du Liry. Il monte dans la forêt, atteint la crête puis la longe vers le Sud.

Ne pas oublier

❺ Au point de vue du Liry *(panorama sur la vallée de la Semoy)*, suivre le sentier vers le Sud et atteindre le col *(route de Levrézy-Haulmé, cote 295, aire de pique nique)*.

À voir

❻ Emprunter à droite le GRAE *(balises blanche et rouge)* qui dévale une pente raide boisée jusqu'à la vallée de la Meuse et la voie de chemin de fer.

En chemin

■ Bogny-sur-Meuse : musée de la Métallurgie ■ sentier nature ■ point de vue du Liry

❼ Quitter alors le GRAE, ne pas passer sous le pont mais suivre la voie ferrée sur 800 mètres par un chemin qui se transforme bientôt en rue.

Dans la région

❽ Au passage à niveau, tourner à gauche et rentrer dans Levrézy pour rejoindre le point de départ.

■ Braux : ancienne collégiale romane remaniée 17e-18e (cuve baptismale romane) ■ vallée de la Meuse

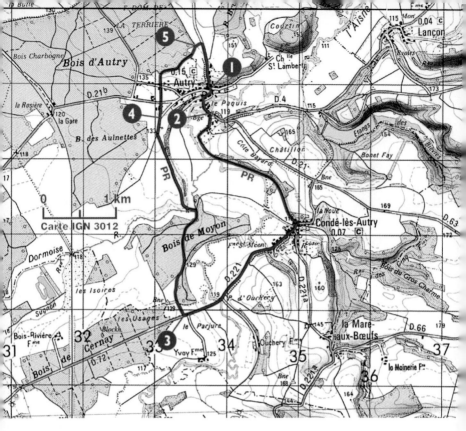

Autry, avant Valmy

D u haut de sa colline, le charmant village d'Autry prit une modeste part à l'avènement de la République Française. Dans la nuit du 14 au 15 septembre 1792, le général Charles Dumouriez franchit l'Aisne à Senuc pour se placer hors de portée des troupes prussiennes du duc de Brunswick. Après avoir fait halte à Autry, le commandant en chef de l'armée du Nord prend position, le 16 septembre, sur les hauteurs de Valmy, à vingt kilomètres de là. Quatre jours plus tard, le combat s'engage. En fait de bataille, Valmy ne fut qu'une canonnade qui fera 248 morts (dont 150 chez les Français) et 260 blessés. Affaiblies par une épidémie de dysenterie, les troupes coalisées ont reculé et ouvert la voie à la première grande victoire des troupes révolutionnaires. Le 21 septembre, la Convention proclame la République. La Nation française est née.

Vue de l'itinéraire. *Photo CG08.*

Le sentier des Rosières

Situation Autry, à 20 km au Sud-Est de Vouziers par les D 982 et D 21

Parking sur la place du village

Balisage blanc-jaune

Grive musicienne et sa nichée.
Dessin P. R.

Ce sentier permet de découvrir les villages d'Autry et de Condé-les-Autry. Entre plusieurs passages en sous-bois, il offre des vues intéressantes sur les vallées de l'Aisne et de la Dormoise.

À voir

❶ Prendre la D 21 en direction de Sainte-Ménéhould et franchir les deux ponts sur l'Aisne.

❷ Partir à droite le long du terrain de camping, puis longer la vallée de l'Aisne en utilisant le chemin en sous-bois et gagner Condé-les-Autry. Traverser le village par la D 221 en direction de Cernay-en-Dormois. Franchir l'Aisne et continuer par la D 221 sur 500 m.

❸ S'engager sur le chemin à droite et traverser le bois de Moyon. Sortir du bois et franchir le petit pont qui enjambe la Dormoise. Poursuivre par le chemin qui monte en pente douce sur le plateau. Passer un calvaire.

❹ Bifurquer à gauche, puis couper deux routes et longer à droite la lisière de la forêt domaniale de la Terrière.

❺ A l'angle du bois, bifurquer à droite, puis emprunter la route qui descend à droite et rejoindre la place d'Autry.

En chemin

■ Autry : église 16e-18e détruite en 14-18 et reconstruite ■ vallée de l'Aisne ■ Condé-les-Autry : église 16e ■ points de vue

Dans la région

■ Séchault : ancienne église abbatiale des Roziers, église 16e (chapiteaux), cimetière allemand 14-18
■ Grandpré : château des Ducs de Joyeuse, église Saint-Médard 13e-17e (mausolée de Claude de Joyeuse)
■ Saint-Juvin : église fortifiée 17e

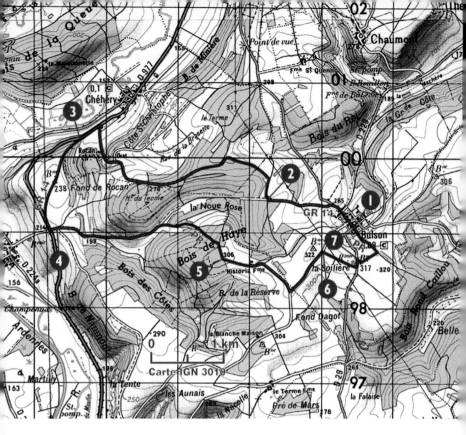

Le château du chambellan

On doit à Raoul III de Coucy, la construction, au 16e siècle, du château de Rocan qui domine la vallée de la Bar, à la sortie de Chéhéry. Familier de la cour des Valois et seigneur de Vervins (Aisne), Raoul était fauconnier et chambellan de François 1er. Après lui, son château passa notamment aux mains de la famille des Régnier, dont le nom fut rendu célèbre par le poète Henri de Régnier (1864-1936) qui y effectua plusieurs séjours. Le château de Rocan subit au 19e siècle de nombreux dommages, non en raison des guerres mais des propriétaires de l'époque qui y effectuèrent de contestables travaux. Depuis 1973, deux frères, Jean-Pierre et Jean-Claude Arnould s'attachent à le restaurer.

Eglise fortifiée de Bulson. *Photo L.D./CCTC.*

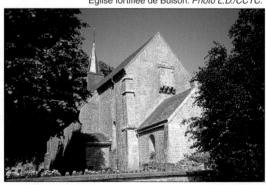

Le chemin des Seigneurs

3 h
12 Km

320m
166m

Situation Bulson, à 12 km au Sud de Sedan par les D 977 et D 29

Parking sur la place de l'Eglise

Balisage
1 à **4** blanc-rouge
4 à **5** vert-bleu
5 à **1** vert

Difficultés particulières

■ D 977 (très fréquentée) entre **2** et **3** puis **3** et **4**
■ chemin étroit et glissant entre **3** et **4**

Locustelle tachetée.
Dessin P. R.

Vous ne pourrez vous empêcher de tomber amoureux au premier coup d'œil, de la vallée de la Bar. Vous y découvrirez de nombreux témoignages de l'art roman.

1 Prendre la D 29 en direction de Cheveuges par la D 29 sur 500 m, puis s'engager à gauche sur le chemin empierré.

2 A l'entrée du bois, tourner à droite et longer la lisière d'abord vers le Nord puis vers l'Ouest. Descendre dans la forêt et poursuivre par la route. Passer devant la chapelle et la fontaine Saint-Roch, puis le château du Rocan. Emprunter la D 977 à gauche sur 300 m *(prudence)*.

3 Monter dans le bois à gauche par le petit chemin et traverser le plateau. Prendre la D 977 à gauche *(prudence)* sur 100 m. Au carrefour, se diriger à gauche sur 50 m.

4 Poursuivre tout droit par le chemin goudronné. Dans le vallon, partir à droite et passer devant le gîte rural. Monter tout droit dans le bois par le chemin pierreux, se diriger à droite sur 50 m, puis s'élever par le chemin à gauche et longer la lisière.

5 Virer à gauche pour rejoindre la ferme Historia et continuer tout droit. Emprunter la route à gauche sur 700 m.

6 S'engager sur le chemin à droite, puis prendre la D 29 à gauche sur 50 m en passant devant le réservoir.

7 Suivre le chemin de terre à droite, puis tourner à gauche pour regagner Bulson.

À voir

En chemin

■ Bulson : village pittoresque, église 12e, jardin de cueillette
■ Rocan : château 16e, petite fontaine et chapelle dédiées à saint Roch

Dans la région

■ Stonne : mémorial et circuit historique de la bataille de Stonne (1940) ■ Chémery-sur-Bar : église romane 12e, halle 19e ■ Malmy : église romane 12e, maisons de caractère ardennais ■ Le Mont-Dieu : ancienne chartreuse 11e-18e

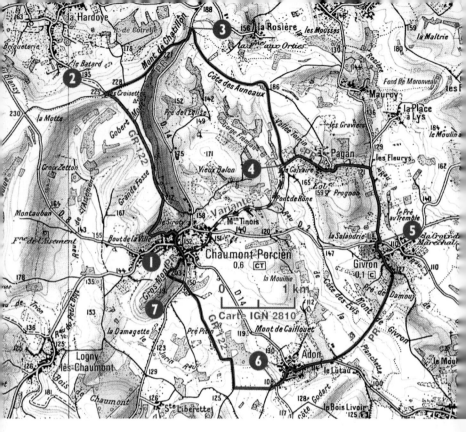

Le mont Berthauld

Autour de Chaumont-Porcien, le paysage marque une transition visible entre les platitudes de la plaine champenoise et les vallonnements de la Thiérache. Ce sont les monts du Porcien qui culminent à 240 mètres. La contrée fut longtemps une terre de mission. Au 5e siècle, un moine irlandais fonde, à Chaumont, un ermitage. Il se nomme Berthauld. Un lion l'accompagne. Cinq siècles plus tard, des chanoines de l'ordre des Prémontrés édifient, autour de ses reliques, une abbaye dont la puissance s'affirmera jusqu'au 16e siècle. Dévastée par les Guerres de Religions puis reconstruite à Remaucourt, l'abbaye disparaîtra corps et biens à la Révolution. Les reliques de saint Berthauld reposent désormais dans l'église de Chaumont dont les armoiries s'ornent d'un lion. En souvenir du saint homme, une chapelle fut construite en 1876 sur le mont qui porte aujourd'hui son nom.

Paysage du Porcien. *Photo R.M./CDT08.*

Les monts du Porcien

4 h
15,5 Km

235m
105m

Situation Chaumont-Porcien, à 21 km au Nord-Ouest de Rethel par les D 946 et D 202

Parcourez la petite région du Porcien par monts et par vaux, sur les traces de saint Berthauld.

❶ Emprunter la D 2 en direction de Signy-l'Abbaye, puis monter par la première rue à gauche, jusqu'au Gobert mont (237 m).

❷ Au carrefour des Croisettes, prendre le chemin de terre à droite, en direction de Givron *(point de vue sur la vallée de la Malacquise)*, puis descendre et suivre la D 14 à gauche sur 100 m.

❸ S'engager à droite sur le chemin de cailloux bleus, longer le bosquet, puis descendre à droite et gagner le carrefour du Calvaire.

▶ Variante (circuit de 9 km) : emprunter la route à droite pour rejoindre Chaumont-Porcien.

❹ Suivre la petite route à gauche en direction de Givron. Traverser le hameau de Pagan et continuer tout droit, jusqu'à un carrefour marqué par trois gros chênes. Prendre la route à droite et atteindre un croisement *(grange typique datée de 1777)*.

❺ Tourner à droite puis à gauche. Passer devant le lavoir, puis l'église de Givron et poursuivre tout droit par la route sur 300 m. Monter à droite par le chemin creux jusqu'au sommet du mont de Givron (139 m), puis descendre tout droit. Emprunter la D 14 à droite et gagner Adon. Avant l'église, prendre la rue à gauche, passer le pont et arriver à une bifurcation.

❻ Se diriger à droite sur 50 m, puis, après le dernier hangar, virer encore à droite. A l'intersection, prendre le chemin de terre à droite, franchir le Jarin et continuer en direction de Chaumont-Porcien. Traverser la D 202 et grimper vers le Gros Mont.

❼ Laisser le premier chemin à droite et continuer à monter. Emprunter à droite une remarquable allée bordée de hêtres pourpres et atteindre la chapelle Saint-Berthault *(point de vue)*. Descendre par le chemin à droite, passer l'aire de pique-nique couverte et suivre la rue à gauche pour retrouver la place de Chaumont-Porcien.

 Parking sur la place du village (devant le café)

Balisage
❶ à ❷ blanc-rouge
❷ à ❹ vert
❹ à ❻ jaune
❻ à ❼ blanc-rouge
❼ à ❶ jaune

À voir

 **En chemin**

■ points de vue sur la vallée de la Malacquise et les monts
■ Givron : grange de 1777, lavoir, église d'origine romane
■ Ermitage Saint-Berthauld avec chapelle baroque et arboretum

Dans la région

■ Fraillicourt : église fortifiée 13e ■ Rocquigny : église fortifiée ■ Montmeillant : église en torchis recouvert d'ardoises ■ Doumely : château 15e avec quatre tours à bec et dépendance 18e

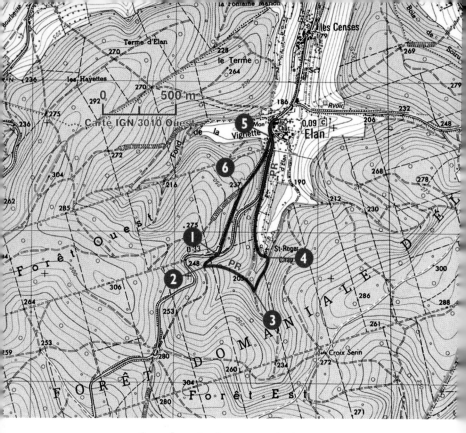

La fontaine guérisseuse

En 1148, le comte de Rethel charge un moine, venu des côtes anglaises, d'établir une chapelle à Élan. C'est ici que saint Roger vint passer les dernières années de sa vie, accomplissant de nombreux miracles. L'un d'eux fut de rendre les eaux de la fontaine si glaciales qu'elles en guérissent les fièvres d'amour, les langueurs et la stérilité. À partir de cette époque, le sépulcre et les sources d'Élan devinrent un lieu de pèlerinage réputé. Vers 1710, Châteauneuf de Rochebonne, évêque de Noyon et abbé d'Élan, fit élever une nouvelle chapelle et aménager les sources en une succession de bassins. Devant la chapelle, un bassin à triple entrée symbolise la Sainte Trinité. Un autre bassin appelé " la fontaine aux Corbeaux " daterait de l'époque de saint Roger. Les sources alimentent aujourd'hui, en eau potable, Élan et ses communes limitrophes.

La chapelle Saint-Roger, à Elan. *Photo B.B./CDT08.*

La chapelle Saint-Roger

1 h
3 Km

245m
185m

Situation Elan, à 15 km au Sud de Charleville-Mézières par les E 44, D 764 et D 33

 Parking dans la forêt domaniale d'Elan, à 800 m au Sud du village par la D 33 (direction Villers-le-Tilleul)

 Balisage bleu

 Difficulté particulière

■ déconseillé en période de chasse au bois

Truite fario. *Dessin P. R.*

Venez respirer l'atmosphère de pureté de ce petit vallon logé au cœur de la forêt domaniale d'Elan.

❶ Emprunter le chemin qui descend (Sud-Ouest) en pente douce, à droite des panneaux d'information.

❷ Après les deux bancs situés dans le virage, suivre le chemin qui descend à gauche *(différentes espèces de l'arboretum repérées par des bornes en lave émaillée).*

❸ Faire le tour du premier bassin circulaire appelé fontaine aux Corbeaux.

▶ Les sources d'Elan étant aujourd'hui captées pour l'alimentation en eau potable de plusieurs communes, prière de garder le site propre.

Puis longer le ruisseau jusqu'à la chapelle Saint-Roger.

❹ Monter par le sentier partant à gauche, en lisière de la forêt *(vue sur le vallon et l'étang ; celui-ci est réservé à la pêche à la mouche)*. Continuer par la D 33 jusqu'au village.

❺ Poursuivre par la route jusqu'au site abbatial *(visite possible)*. Puis reprendre la D 33 en sens inverse.

❺ Au niveau de la dernière maison, bifurquer à droite sur le chemin herbeux.

❻ A la fourche, continuer tout droit par le chemin forestier qui surplombe la route. Traverser le parc de stationnement réservé aux autocars, tourner à gauche et emprunter la D 33 sur 50 m pour rejoindre le départ.

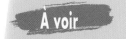 **À voir**

 **En chemin**

■ arboretum ■ sources et chapelle Saint-Roger ■ étang de la Mouche Ardennaise ■ Elan : église abbatiale 14e-18e édifiée sur les restes de l'abbaye 12e, bâtiments 17e, ancien château abbatial

Dans la région

■ Etrépigny : château 19e, église 12e et vestiges du château féodal ■ Hannogne-Saint-Martin : église 13e-17e, puits couvert 17e et point de vue sur la vallée de la Bar

LES SENTIERS DE GRANDE RANDONNÉE®

DANS LA RÉGION

GR® Sentiers
de Grande
randonnée

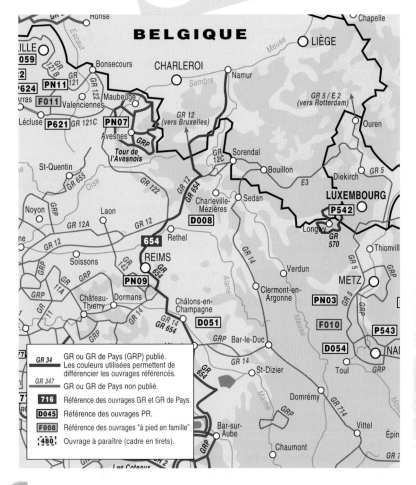

Randonner
quelques JOURS

Partir entre amis, en famille sur les sentiers balisés à la recherche des plus beaux paysages de France.

Les topo-guides des sentiers de Grande Randonnée ®de la FFRP sont indispensables pour bien choisir sa randonnée.

Ces guides vous feront découvrir la faune, la flore, les sites naturels merveilleux, un vrai régal pour les yeux.

*Marcher, rien de tel
pour se refaire une santé.*

100 GUIDES
pour découvrir tous les GR® de France !

Où que vous soyez, où que vous alliez en France, vous trouverez un sentier qui vous fera découvrir d'extraordinaires paysages. Les topo-guides FFRP guideront vos pas vers ces lieux purs, naturels et revivifiants.

BIBLIOGRAPHIE

Connaissance de la région

- Hureaux (Yanny), *Le guide des Ardennes*, Éditions
La Manufacture.
- Hureaux (Yanny), *Le guide de l'Argonne*, Éditions
La Manufacture.
- Cordier (J-P), *De l'Anémone... à la trientale, flore de
Champagne-Ardenne*, Édition Sopaic.
- Lion (J-P), *Les Orchidées sauvages des Ardennes*,
Édition Sopaic.
- Travail collectif des ornithologues champardennais,
Les oiseaux de Champagne-Ardenne, édité par le
Centre Ornithologique de Champagne-Ardenne.
- Travail collectif, *Les Ardennes aux quatre vents,*
Éditions Terres Ardennaises.
- *Les Ardennes, le guide complet de ses 462 communes*,
Ed. Deslogis Lacoste.
- Demouy (Annick et Patrick), *Recueil de la gastronomie
champenoise et ardennaise.*
- Les Guides Verts, *Champagne Ardenne*, éditions Michelin.

Cartes et topo-guides de randonnée

- Pour connaître la liste des autres topo-guides de la
FFRandonnée
sur la région, se reporter au catalogue disponible au
Centre d'Information *Sentiers et randonnée* (voir page 15).

- Cartes IGN au 1: 25 000 :
2808 E, 2810 E, 2811 E, 2812 E, 2908 E, 2909 O et E, 2910 E et
O, 2911 E et O, 3007 O, 3008 O, 3009 E et O, 3010 E et O,
3011 E et O, 3012 E et O, 3109 O, 3110 E et O.

Pour une vision plus large de la région, nous vous conseillons :
- Les cartes IGN au 1 : 100 000 : n° 5 et 10.
- Les cartes Michelin au 1 : 200 000 : n° 241.

La création des circuits et la réalisation de ce topo-guide ont été effectuées avec le concours :
- du Conseil Général des Ardennes,
- du Comité Départemental du Tourisme des Ardennes,
- du Comité Départemental de la Randonnée Pédestre des Ardennes,
- de la Communauté de Communes des Crêtes Préardennaises,
- de la Communauté de Communes des Trois Cantons,
- de la Communauté de Communes des Balcons de Meuse,
- de la Communauté de Communes de l'Argonne Ardennaise,
- de l'Office National des Forêts,
- du Centre d'Initiation à la Nature de La Neuville-aux-Haies,
- du Syndicat Mixte des Rièzes et des Sarts et de la Thiérache,
- de l'Association de Développement Economique du Pays Rethélois,
- de l'Association de Développement Touristique des Vallées de Meuse et Semoy,
- de la Communauté des Communes de la Vallée de la Semoy.

L'entretien des sentiers est assuré par les communes, les communautés de communes, le CDRP et l'ONF.

Les textes thématiques de découverte du patrimoine de la région ont été rédigés par Gilles Grandpierre.

Les photographies sont de : Michel Degré / Centre d'Initiation à la Nature (CIN/M.D.), C. Loiseau / CDT des Ardennes (C.L./CDT08), M. Barre / Office National des Forêts (B./ONF), M. Forget / Office National des Forêts (F./ONF), Focherato / CDT des Ardennes (F./CDT08), Alain Nozay / CDT des Ardennes (A.N./CDT08), M. Monteaux / CDT des Ardennes (M.M./CDT08), W. Fautré / CDT des Ardennes (W.F./CDT08), B. Briet / CDT des Ardennes (B.B./CDT08), Conseil Général des Ardennes (CG08), Musée Carnavalet (M.C.), Office National des Forêts (ONF), R. Moss / CDT des Ardennes (R.M./CDT08), Laurent Durot / Communauté de Communes des Trois Cantons (L.D./CCTC), Van Aken / CDT des Ardennes (V.A./CDT08).

Les illustrations naturalistes sont de Nathalie Locoste (N.L.) et Pascal Robin (P.R.).

En couverture: fête médiévale à Sedan, *photo C. Loiseau/CDT08* (grande image); glycine, *photo R. Moss/CDT 08* (vignette haut); sangliers, *photo M. Forget/ONF* (vignette bas).

Montage du projet, direction des collections et des éditions : Dominique Gengembre. Secrétariat d'édition : Philippe Lambert, Nicolas Vincent, Janine Massard. Cartographie : Olivier Cariot, Frédéric Luc. Mise en page et suivi de la fabrication : Jérôme Bazin, Marie Décamps, Clémence Lemaire. Lecture et corrections : Brigitte Bourrelier, Jean-Pierre Feuvrier, Elisabeth Gerson, Marie-France Hélaers, Anne-Marie Minville, Hélène Pagot, Gérard Peter, Michèle Rumeau.

Création maquette : Florelle Bouteilley, Isabelle Bardini - Marie Villarem, FFRandonnée.

Les pictogrammes et l'illustration du Balisage ont été réalisés par Christophe Deconinck, exceptés les pictogrammes de jumelles, gourde et lampes de poche qui sont de Nathalie Locoste.

Cette opération a été réalisée dans le cadre d'un partenariat entre le Conseil Général des Ardennes et la Fédération Française de la Randonnée Pédestre.

Pour découvrir
la France à pied®

Vous venez de découvrir un topo-guide
de la collection "Promenade et Randonnée". Mais savez-vous
qu'il y en a plus de 200, répartis dans toute la France, à travers...

Une région   Un parc naturel

Un pays   Un département

Pour choisir le topo-guide de votre région ou celui de votre prochaine destination vacances,
demandez le catalogue gratuit de toute la collection au
Centre d'Information de la Randonnée 14, rue Riquet - 75019 Paris - tél. : 01 44 89 93 93

ou consultez le site
www.ffrandonnee.fr
Les nouvelles parutions y sont annoncées tous les mois

INDEX DES NOMS DE LIEUX